绝美自然风景

刘晓丽 ◎编著

圣境的神山

北方妇女儿童出版社

·长春·

图书在版编目(CIP)数据

圣境的神山 / 刘晓丽编著. —长春 : 北方妇女
儿童出版社，2017.1（2022.8重印）
　（绝美自然风景）
　ISBN 978-7-5585-0831-8

　Ⅰ．①圣… Ⅱ．①刘… Ⅲ．①佛教－山－介绍－中
国　Ⅳ．①B947.2②K928.3

中国版本图书馆CIP数据核字(2017)第009943号

圣境的神山
SHENGJING DE SHENSHAN

出 版 人　师晓晖
责任编辑　吴　桐
开　　本　700mm×1000mm　1/16
印　　张　6
字　　数　85千字
版　　次　2017年1月第1版
印　　次　2022年8月第3次印刷
印　　刷　永清县晔盛亚胶印有限公司
出　　版　北方妇女儿童出版社
发　　行　北方妇女儿童出版社
地　　址　长春市福祉大路5788号
电　　话　总编办：0431-81629600

定　　价　36.00元

习近平总书记说："提高国家文化软实力，要努力展示中华文化独特魅力。在5000多年文明发展进程中，中华民族创造了博大精深的灿烂文化，要使中华民族最基本的文化基因与当代文化相适应、与现代社会相协调，以人们喜闻乐见、具有广泛参与性的方式推广开来，把跨越时空、超越国度、富有永恒魅力、具有当代价值的文化精神弘扬起来，把继承传统优秀文化又弘扬时代精神、立足本国又面向世界的当代中国文化创新成果传播出去。"

为此，党和政府十分重视优秀的先进的文化建设，特别是随着经济的腾飞，提出了中华文化伟大复兴的号召。当然，要实现中华文化伟大复兴，首先要站在传统文化前沿，薪火相传，一脉相承，弘扬和发展5000多年来优秀的、光明的、先进的、科学的、文明的和自豪的文化，融合古今中外一切文化精华，构建具有中国特色的现代民族文化，向世界和未来展示中华民族具有独特魅力的文化风采。

中华文化就是中华民族及其祖先所创造的、为中华民族世世代代所继承发展的、具有鲜明民族特色而内涵博大精深的优良传统文化，历史十分悠久，流传非常广泛，在世界上拥有巨大的影响力，是世界上唯一绵延不绝而从没中断的古老文化，并始终充满了生机与活力。

浩浩历史长河，熊熊文明薪火，中华文化源远流长，滚滚黄河、滔滔长江是最直接的源头，这两大文化浪涛经过千百年冲刷洗礼和不断交流、融合以及沉淀，最终形成了求同存异、兼收并蓄的辉煌灿烂的中华文明。

中华文化曾是东方文化的摇篮，也是推动整个世界始终发展的动力。早在500年前，中华文化催生了欧洲文艺复兴运动和地理大发现。在200年前，中华文化推动了欧洲启蒙运动和现代思想。中国四大发明先后传到西方，对于促进西方工业社会形成和发展曾起到了重要作用。中国文化最具博大性和包容性，所以世界各国都已经掀起中国文化热。

中华文化的力量，已经深深熔铸到我们的生命力、创造力和凝聚力中，是我们民族的基因。中华民族的精神，也已深深根植于绵延数千年的优秀文化传统之中，是我们的精神家园。但是，当我们为中华文化而自豪时，也要正视其在近代衰微的历史。相对于5000年的灿烂文化来说，这仅仅是短暂的低潮，是喷薄前的力量积聚。

中国文化博大精深，是中华各族人民5000多年来创造、传承下来的物质文明和精神文明的总和，其内容包罗万象，浩若星汉，具有很强的文化纵深感，蕴含丰富的宝藏。传承和弘扬优秀民族文化传统，保护民族文化遗产，已经受到社会各界重视。这不但对中华民族复兴大业具有深远意义，而且对人类文化多样性保护也有重要贡献。

特别是我国经过伟大的改革开放，已经开始崛起与复兴。但文化是立国之根，大国崛起最终体现在文化的繁荣发展上。特别是当今我国走大国和平崛起之路的过程，必然也是我国文化实现伟大复兴的过程。随着中国文化的软实力增强，能够有力加快我们融入世界的步伐，推动我们为人类进步做出更大贡献。

为此，在有关部门和专家指导下，我们搜集、整理了大量古今资料和最新研究成果，特别编撰了本套图书。主要包括传统建筑艺术、千秋圣殿奇观、历来古景风采、古老历史遗产、昔日瑰宝工艺、绝美自然风景、丰富民俗文化、美好生活品质、国粹书画魅力、浩瀚经典宝库等，充分显示了中华民族厚重的文化底蕴和强大的民族凝聚力，具有极强的系统性、广博性和规模性。

本套图书全景展现，包罗万象；故事讲述，语言通俗；图文并茂，形象直观；古风古雅，格调温馨，具有很强的可读性、欣赏性和知识性，能够让广大读者全面触摸和感受中国文化的内涵与魅力，增强民族自尊心和文化自豪感，并能很好地继承和弘扬中国文化，创造未来中国特色的先进民族文化，引领中华民族走向伟大复兴，在未来世界的舞台上，在中华复兴的绚丽之梦里，展现出龙飞凤舞的独特魅力。

佛教名山——山西五台山

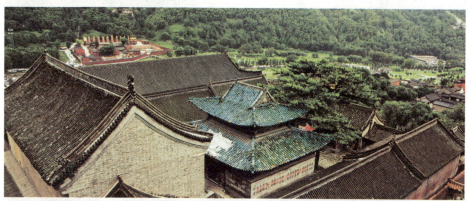

观音道场——浙江普陀山

普贤道场——四川峨眉山

山西五台山

　　五台山位于山西东北部，与浙江普陀山、安徽九华山、四川峨眉山并称"中国佛教四大名山"，并居于四大佛教名山之首，被称为"金五台"。为文殊菩萨的道场，也是我国唯一汉传佛教寺庙和藏传佛教寺庙交相辉映的佛教道场，汉、蒙、藏等民族在此和谐共处。

　　五台山并非一座山，它由东台望海峰、南台锦绣峰、中台翠岩峰、西台挂月峰、北台叶斗峰等5座山峰组成，它们环抱整片区域，山顶平坦宽阔，犹如垒土之台，故而得名"五台"，素有"华北屋脊"之称。

佛教的传入和灵鹫寺

在山西东北部，有一座紫府山，也称"五峰山道场"，是道家的修炼场所。

传说文殊菩萨第一次来到我国的时候，就居住在玄真观内石盆洞

■五台山全貌

中。当时五峰山气候异常恶劣，常年酷暑，当地百姓苦不堪言。

这一年，文殊菩萨再一次来到这里讲经说法，他见到黎民百姓的疾苦，深表同情，于是发大愿要将百姓拯救出苦海。

于是，文殊菩萨装扮成一个化缘的和尚，不远万里到东海龙王那里寻求帮助。他在龙宫门口发现了一块能散发凉风的巨大青石，于是就背起青石带回了五峰山。

这块大青石就是东海龙王的歇龙宝石，他把这块青石放置在五峰山的一道山谷里，刹那间，山谷变成了草丰水美、清凉无比的天然牧场。

此后，人们就把这个山谷叫作"清凉谷"，并在山谷里建了一座寺院，将清凉石圈在院内。为此，五峰山又名"清凉山"。

清凉山的5座主峰，分别称为望海峰、叶斗峰、挂月峰、锦绣峰和翠岩峰。望海峰又称"东台"，台

道家 我国古代主要思想流派之一，是后世道教理论的重要思想基础。代表人物有老子、庄子、慎到、杨朱等。道家以道、无、自然、天性为核心理念，认为天道无为、道法自然，据此提出无为而治、以雌守雄、以柔克刚等政治、军事策略，对我国乃至世界的思想和文化都产生了深刻的影响。

■ 五台山南山寺

刘庄（28年～75年），即汉明帝，是刘秀的儿子，庙号显宗。明帝即位后，一切遵奉光武制度。明帝以及随后的章帝在位期间，史称"明章之治"。明帝热心提倡儒学，注重刑名文法，为政苛察，总揽权柄，权不借下。其间，实行休养生息的政策，提倡儒学，致力于消除北匈奴的威胁，在位期间吏治比较清明，边境安定。

顶面积是5座主峰中最小的，仅7万平方米，如鳌鱼脊一般，据说在此可以远眺东海日出，所以称为东台。

挂月峰又称"西台"，台顶面积约为28万平方米，周围群山拱围，岩石幽深，每逢皓月当空，只见银光泻地，层峰朦胧，万籁俱寂，俨若悬镜，故取名为挂月峰。

锦绣峰又称"南台"，台顶面积约为14万平方米。山峰耸峭，烟光凝翠，繁花似锦，千峦密布，五彩缤纷，因之取名为锦绣峰。每年的农历四月，北面四台还是冰天雪地，而南台的山腰处却是百花怒放。

叶斗峰又称"北台"，是清凉山五峰中的最高峰，台顶面积约为37万平方米，顶天立地。此台特点是台高、风猛、雷激。

翠石峰又称"中台"，台顶面积约为15万平方米。与四台相比，中台的主要特点是水景。

在台顶有一巨石，立如奔马，卧似喘牛，长有斑斑苔藓，在阳光照射下，丹碧生辉，故取名为翠岩峰。翠岩峰的西北面有太华池，北有甘露泉，东南有玉龙池，池旁还有三棵泉，是清凉山南北五溪流水的发源地。

公元64年，东汉明帝刘庄做了一个梦，梦见一位神仙，周身被金光环绕，轻盈地从远方飞来，降落在御殿前。

第二天一早上朝，汉明帝就把自己的这个梦告诉了群臣，并询问是何方神圣。太史傅毅博学多才，他告诉汉明帝说，听说西方天竺有位得道的神，号称"佛"，能够飞身于虚幻中，并全身绽放着光芒，君王您梦见的大概是佛吧！

于是明帝派使者羽林郎中秦景、博士弟子王遵等13人去西域访求佛道。

当时，使者遇见了正要前往中原的印度僧迦叶摩腾和竺法兰，于是相随而归，并于公元67年抵达洛阳。汉武帝下令在洛阳城西雍门外

五台山寺庙牌坊

■ 五台山显通寺的
钟楼

御道之南，建造一座僧院以供这两位印度高僧居住，同时为了纪念白马负经输像的功劳，就将寺名定为"白马寺"。

这一年，迦叶摩腾和竺法兰从洛阳来到清凉山宣扬佛法，两人惊奇地发现这里竟然有佛存在的痕迹，还发现了释迦牟尼佛的舍利。

而且清凉山山势奇伟，气象非凡，和印度的灵鹫山，也就是释迦牟尼佛修行的地方非常相似。于是，两位高僧立即决定就在这里建立寺庙，供奉佛祖。

但是，这个决定却遭到这里道士们的强烈反对。

后来，汉明帝在洛阳白马寺举行道士与高僧的赛法，结果两位高僧获胜，取得了在清凉山一带建筑佛教寺院的权利。

寺院落成后，命名为"灵鹫寺"。汉明帝刘庄为了表示自己对佛教的重视，就加"大孚"两字，因而寺院的全名为"大孚灵鹫寺"，也就是后来显通寺最初的规模。从这个时候开始，清凉山成为我国佛教的中心，大孚灵鹫寺和洛阳白马寺同为我国最早的寺院。

后来，历代都对大孚灵鹫寺进行修葺，北魏孝文

道士 对信奉道教教义并修习道术教徒的通称。《太霄琅书经》称："人行大道，号为道士。""身心顺理，唯道是从，从道为事，故称道士。"道士之名源于战国，也称方术之士，习惯上将男的称为道士、黄冠；女的称为女冠、女真。

帝时期对大孚灵鹫寺进行修葺后更名为"花园寺"；唐太宗时名为"华严寺"；明太祖朱元璋重修后赐额"大显通寺"，形成后来的规模。

显通寺占地8万平方米，各种建筑400余间，中轴线殿宇有7座，由南至北依次为观音殿、文殊殿、大佛殿、无量殿、千钵殿、铜殿和藏经殿。这些殿宇造型各异，独具特色。

在悬挂"大显通寺"匾额的山门外两侧，各有一通石碑，石碑上模仿龙形和虎形，写有"龙虎"两个大字。寺庙中用龙虎把守大门，甚为奇特。

观音殿又名"南殿"，殿内供奉的是观音菩萨像，左右两边陪祭的是文殊菩萨和普贤菩萨像，所以又称"三大主殿"。殿内两侧放满了经架，架上有各种经书，所以又称"藏经殿"。过去曾将救助水陆众

■ 五台山大显通寺

中轴线 我国古代大型建筑群平面中统率全局的轴线称为"中轴线"，我国是唯一在建造建筑物的时候讲求中轴线的国家，而且成就最为突出。北京的中轴线南起永定门，北至钟鼓楼，直线距离长七八千米，是古都北京的中心标志，也是世界上现存最长的城市中轴线。

佛教名山

山西五台山

■ 显通寺大文殊殿

生的大法会水陆道场设在这里，所以又叫"水陆殿"。

文殊殿是显通寺的第二重大殿，殿前有两座碑亭，亭内立有两通汉白玉的石碑，石碑高不足3米，宽不足1米，一通是"有字碑"，就是后来康熙皇帝的御笔；一通碑上没有任何字迹，人们称作"无字碑"。

相传这两个碑亭的地方原是两个圆形的水池，池里的水清澈如镜。

有一年，康熙皇帝朝台，巡游显通寺，来到文殊殿前。他抬头一望，只见绚烂的菩萨顶端端正正坐落在灵鹫峰下，好像一条英武的龙，昂着头高卧在那里。

这座牌楼正是龙头，两根幡杆正是龙角，108层台阶从牌楼上延伸下来，正是龙吐出了舌头。康熙越看越像，也越看越怕：这不就是出真龙天子的地方吗？难道我大清的江山要让别人夺去吗？于是，他就想找些理由来证实这不是一条龙，或者是一条死龙，那他可就放心了。

当时的住持和尚在皇帝身边接驾，听到皇帝在念叨菩萨顶，便凑上去说："启奏万岁，那灵鹫峰是一条龙，菩萨顶的牌楼，正好在龙头上。"

康熙最怕说的话就这样被住持说了出来，康熙皇帝不露神色，仔仔细细看了菩萨顶一会儿，像是发现了什么奥秘一样掉转头对住持说："灵鹫峰是条龙，但不是条活龙，你看，它没有眼睛。"

本来，康熙帝是想让住持接住他的话茬，也说一句"这条龙没有眼睛"。

可住持没有领会到皇帝的本意，只是一心想把自己所知道的统统告诉皇上："启奏皇上，我主有所不知，这龙是有眼睛的。每日午间时分，太阳照到这两个池上，那菩萨顶的木牌楼两侧就会出现两个圆形的光环。"

这一来，康熙再也忍不住，发了雷霆："龙长了眼睛，不会飞走吗？龙飞走了，那五台山的灵气还会有吗？这两个水池，你给我填平，上面再立两通石碑压住！"

住持吓坏了，立即命人填平了水池，并立起了石碑。

住持请康熙写碑文，康熙忘了有两通石碑，就欣然写了一篇，住持无奈，只好请工匠把碑文拓刻在左边那通

大文殊殿前的碑亭

圣境的神山

五台山佛像

磬 古代石制的一种打击乐器。甲古文中磬字左半像悬石,右半像手执槌敲击。磬起源于某种片状石制劳动工具,其形在后来有多种变化,质地也从原始石制进一步有了玉制、铜制的磬。是我国古代石质打击乐器,为"八音"中的"石"音。

石碑上,右边则空了下来。

文殊殿殿内供奉着7尊文殊菩萨像:正中的为大智文殊菩萨,前面的5位从左至右依次为西台狮子文殊菩萨、南台智慧文殊菩萨、中台孺者文殊菩萨、北台无垢文殊菩萨和东台聪明文殊菩萨,大智文殊菩萨后面是甘露文殊菩萨。

这些文殊菩萨像前有护法神韦驮像,两侧罗列着十八罗汉像。

大雄宝殿是显通寺的第三重大殿,也是举办盛大佛事活动的场所。殿内正前方的横梁上高悬康熙御笔题写的"真如权应"木匾,下面条幅横悬,两旁锦幡垂挂。

殿台上供着三世佛像,中间的是释迦牟尼佛,西为阿弥陀佛,东为药师佛,两旁有十八罗汉像,背后有观音、文殊、普贤3尊菩萨像。

佛像前的地面十分宽敞，经案上佛灯高照，宝鼎焚香，摆着各色供果，敬有美丽鲜花。东面的经案头，还摆着鼓、磬、铛、木鱼等佛家乐器。不仅本寺僧人在这座殿内做早晚功课，每逢大的佛事活动日，各寺庙的僧尼都要身披袈裟，汇集到这里举行礼佛仪式。

中轴线上的第四座殿堂为纯砖结构的无量殿，面宽7间，进深4间，总高20多米，因殿内供有大光明无量佛，也就是毗卢佛人铜像，所以取佛法无量之意，命名为"无量殿"。又因为整个殿堂全部用青砖砌垒雕刻而成，俗称"无梁殿"。

无量殿不仅规模宏大、结构严谨，而且雕刻精湛，是五台山砖结构建筑的杰出代表。无量殿正面每层有7个拱洞门，檐下用砖雕刻成斗拱椽飞等构件。

■ 显通寺的无量殿

■ 显通寺文殊殿古
建筑

中部3件为枕头券，两边厢为横向竖券，左右山墙为拱脚，各间之间用券拱式门洞相连，顶部为穹隆顶，上部有藻井镂刻。

千钵文殊殿是中轴线上的第五座殿堂，殿中供奉着千钵文殊铜象。这尊铜像造型奇特，上叠5个头像，胸前有手6只。

其中的两只捧着一个金钵，钵内坐着释迦牟尼佛，背后向四周伸出1000只手，每只手上都有一个金钵，每个钵内都有一尊释迦牟尼佛。所以，这尊铜像又被叫作"千臂千钵释迦文殊像"。

中轴线上的第六座殿堂是铜殿，是用5万千克铜铸成的。殿外观看似为两层，实则为一层，内为一室，四角四柱，柱础鼓形。

殿身上层四面雕槅扇6页，下面置槅扇8扇，殿内四壁上铸有小佛万尊，金光闪闪，灼灼照人，号称

"万佛"。室内中央供奉着一个高为1米的巨大铜像。

铜殿的每页槅扇都是由一个省布施铸造而成，其文诗之美、工艺之精让人惊叹。铜殿柱、额、枋和槅扇上下都铸有各种彩画图案和花卉鸟兽，如"玉兔拜月""丹凤朝阳""二龙戏珠"等，非常精致。

据《清凉山志》记载，铜殿是由后来明朝时期清凉山的高僧妙峰法师集全国13个省布施而建造的。妙峰法师曾铸3座铜殿，一在南京，一在峨眉，一在清凉山，前两座铜殿已经被毁，只留下显通寺的这座，十分珍贵。

这座铜殿造型优美，结构完整，图案生动，充分显示了我国古代高超的铸造技艺。铜殿前原有铜塔5座，暗含清凉山五台之意，后仅保留下两座，均为8面13层，显得玲珑秀丽，引人注目。

铜殿的华严经字塔陈列在藏经楼内，是用蝇头小楷字组成的。在黄绫和白绫上写有60多万字，囊括了《华严经》80卷。华严经字塔是由后来清朝康熙年间的许德心用4年时间设计，历时8年时间完成的作品，确实珍贵。

显通寺镀金铜塔

藏经楼内，收藏了各种各样的文物，有北魏时期铜铸的旃檀佛像，有北宋开宝年间刊刻的雷峰塔藏经，有明代人绘制在菩提树叶上的十八罗汉像，

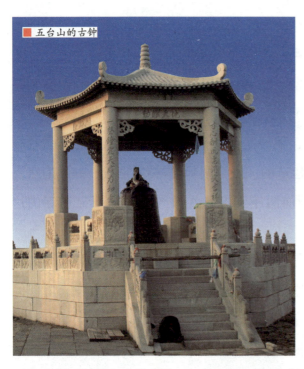
五台山的古钟

有杨五郎使用过的40多千克重的兵器铁棍等。

特别值得一提的是，藏经楼内还有一口重达九千九百九十九斤半的大铜钟，这口大铜钟原先悬挂在显通寺的钟楼内，名叫"幽冥钟"。

幽冥钟的外部铸有楷书佛经一部，共1万余字。因为敲击时钟声绵长，传播深远，所以人们又把此钟叫作"长鸣钟"，也称作"长命钟"。显通钟声，历来都是梵宇佛国的一个标志，一直被人们所津津乐道。

阅读链接

藏经楼内的大铜钟相传铸于明朝万历年间，钟身高8尺，钟口边缘呈莲花瓣形状，重九千九百九十九斤半。但是为什么不加铸半斤使之成为一万斤呢？

原来，自秦汉以后，臣子朝见国君，拜恩庆贺，常常呼喊"万岁"，并逐渐发展成为一种礼节。

为了表示对皇帝的尊敬，"万岁"便成为帝王的代称，用来表明皇帝拥有的权力是上天所赋予的，至高无上。除了皇帝，谁也不敢将自己与"万岁"联系起来。当铸造大铜钟的时候，为了避讳皇帝"万岁"的"万"字，就少铸了半斤，将铜钟铸造成了九千九百九十九斤半。

清凉山佛教的极盛时期

　　随后，佛教在清凉山不断发展，至南北朝时期，佛教在清凉山的发展进入到第一个高潮期。北魏孝文帝继位之初就崇佛敬僧。

　　《古清凉传》记载他曾到清凉山避暑，游行于中台，上置"小石

■ 五台山的"清凉妙高处"

■ 五台山南山寺

圣境的神山

浮图"，并建清凉寺，还在清凉山"射箭畋略"，建造佛光寺，随后又建造大浮图寺，并环绕灵鹫峰置十二院。

后来，孝文帝还让自己的第四个女儿信诚公主出家在清凉山，并置公主寺。于是，清凉山佛教开始兴盛起来。据记载，当时的清凉山已经建有数十座寺院。

公主寺在建成之后，一度毁于战火，保留下来的为后来的唐朝时期所建。相传唐朝有一个尼姑来到清凉山修行，在公主寺的遗址下掘得尺璧，就进献给了当朝的皇帝，于是皇帝下令在此地重建公主寺。

在公主寺的旁边还有一座小寺叫"驸马庙"，民间传说是信诚公主的丈夫出家修行处。公主寺占地4000平方米，中轴线有三进院子。

过殿面阔、进深各3间，殿内正中塑有释迦牟尼坐像，左右是大梵天王和帝释天王，背后是观音菩萨像。殿之四周塑文殊、普贤菩萨及十八罗汉像。塑像上方皆为悬塑，有山水人物，亭台楼榭，形态逼真，色彩鲜明。

大雄殿内设有佛坛，坛上塑释迦牟尼、药师、阿弥陀佛，释迦牟尼佛像前是迦叶、阿难两尊者，塑艺精美绝伦。

殿四壁皆为精美绝伦的画像壁画，以卢舍那佛和弥勒佛为中心，300多人物面佛而立，大者1米，小者0.6米，内容丰富，绘艺甚佳。穿过左边的垂花门，是一棵苍天古树，北面是一座圣母庙，其对面有一细致的戏台，十分难得。

之后，北魏孝文帝对灵鹫寺进行了规模较大的扩建，并在周围兴建了善经院、真容院等12个寺院。清凉山发展成为文殊道场和研习《华严经》的圣地。学习《华严经》的人们纷纷到五台山礼谒文殊，举行法会，著书释论，出现了灵辩及其弟子道昶、灵源、昙现等一大批华严学者。

菩萨顶位于五台山显通寺北侧灵鹫峰上，是五台山中规模最大的藏传佛教格鲁派寺院。菩萨顶据传为文殊菩萨道场，所以又称为"真容院""大文殊寺"。

垂花门 我国古代建筑院落内部的门，因其檐柱不落地，垂吊在屋檐下，称为"垂柱"，其下有一垂珠，通常彩绘为花瓣的形式，故被称为"垂花门"。

■ 五台山菩萨顶

五台山菩萨顶庙宇

菩萨顶创建于北魏孝文帝年间，历代曾多次重修。后来藏族僧人进驻五台山之后，成为五台山藏传佛教寺院之首。菩萨顶全寺顺山就势修筑殿宇，寺前有石阶108级，布局十分严谨。

历代都非常重视对菩萨顶的修葺和扩建，逐渐形成后来的规模。北宋时期对寺院重修，并铸铜质文殊像1万尊供奉在寺内。南宋时改建，并将此寺易名为"大文殊寺"。

1402年，始有菩萨顶的称谓。1573年至1620年间再一次对该寺进行了重修。至清代，由于满族崇信藏传佛教，于是在1660年，将菩萨顶由汉传佛教改为藏传佛教，并从京城派去寺院住持。

清康熙年间，又敕令重修菩萨顶，并向该寺授"番汉提督印"。从此，按照清王朝的规定，菩萨顶的主要殿宇铺上了表示尊贵的黄色琉璃瓦，山门前的牌楼也修成了四柱七楼的形式。这在五台山是绝无仅有的，在全国范围内也不多见。

自此以后，菩萨顶成了清朝皇室的庙宇。菩萨顶山门外水牌楼上的"灵峰胜境"，文殊殿前石碑坊上的"五台圣境"，都是康熙皇帝亲笔题写的。

菩萨顶东禅院内两通高3米，宽1米的四楞碑上，用汉、满、蒙、藏4种文字刻写的碑文，则是乾隆皇帝的御笔，描写他上五台山的感受。书法圆润流畅，结构丰满雄健，是很宝贵的艺术品。

菩萨顶的建筑布局很有特色，而且主要殿宇外观似皇宫，而内部布置却又具有浓烈的藏传佛教韵味。因为菩萨顶在灵鹫峰上，从峰下仰望，菩萨顶前108级陡峭的石阶如悬挂在空中的天梯，上面是梵宫佛国，琼楼玉宇。石阶末端的平台之上立着一座四柱三门的木牌楼。

牌楼之后是山门，山门两边厢房的红墙上，分别开着圆形窗户。有人说这种布局恰似龙头，牌楼的正门是龙口，旗杆是龙角，厢房壁上的圆窗是龙眼，而那长长石阶，则是龙吐出的舌头。又因山门前的大石阶不是一级一级的，而是斜升的大平面，并雕有九龙戏水。九龙翻腾，互相缠绕，活灵活现。

菩萨顶有殿堂僧舍等大小房屋100多间，布局结构紧凑而有变化，且均为后来的康熙皇帝下令建筑的。全寺建筑大体上可以分为前院、中院、后院3个部分。

菩萨顶寺庙香炉

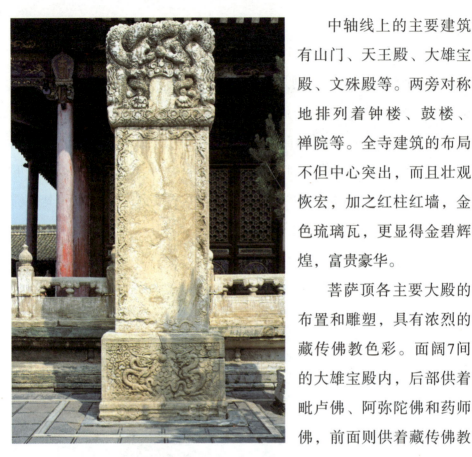

■ 五台山菩萨顶石碑

中轴线上的主要建筑有山门、天王殿、大雄宝殿、文殊殿等。两旁对称地排列着钟楼、鼓楼、禅院等。全寺建筑的布局不但中心突出，而且壮观恢宏，加之红柱红墙，金色琉璃瓦，更显得金碧辉煌，富贵豪华。

菩萨顶各主要大殿的布置和雕塑，具有浓烈的藏传佛教色彩。面阔7间的大雄宝殿内，后部供着毗卢佛、阿弥陀佛和药师佛，前面则供着藏传佛教格鲁派创始人宗喀巴像。

文殊殿内的文殊像，与一般佛教寺庙内的文殊菩萨像不同，它是按藏传佛教的经典规定制作的，头取旁观势，腰取扭动势，发取散披式，同时身挂璎珞，显得特别活泼、生动。两侧墙壁上，还挂着绘在布上的藏画唐卡。

另外，在大雄宝殿和文殊殿的柱头上，还挂着桃形小匾，上写梵文咒语。这些都是藏传佛教寺庙建筑装饰中所独有的。

值得一提的是，文殊殿还有滴水大殿之称。过去文殊殿有一块檐瓦，无论春夏秋，也无论阴晴雨，

璎珞　古代用珠玉串成的装饰品，多用为颈饰。璎珞原为古代印度佛像颈间一种装饰，后来随着佛教一起传入我国，唐代时，被爱美求新的女性所模仿和改进，变成项饰。它形制比较大，在项饰中最显华贵。

总是往下滴水。时间长了，文殊殿前的一处阶石上面成了蜂窝状。什么原因呢？有人说，这是文殊菩萨灵验，广施雨露的缘故。

实际上，这只是建筑上的一种巧妙设计。文殊殿的琉璃瓦上留有小孔，瓦下有储水层，储水层下又有防漏设施。每当雨天，雨水透过琉璃瓦孔而存于储水层内。在阴天或晴天时，储水层中的水便慢慢地从檐瓦滴下。

此外，菩萨顶内还存有许多文物。这些文物中，有几件比较稀奇，而且还有趣闻。

菩萨顶后院正房内存有4口大铜锅。这些铜锅，过去每年"六月大会"和腊月初八各用一次。

六月庙会僧人们过佛教节日，做斋饭，用白面蒸

唐卡 也叫唐嘎、唐喀，指用彩缎装裱后悬挂供奉的宗教卷轴画。唐卡是藏族文化中一种独具特色的绘画艺术形式，题材内容涉及藏族的历史、政治、文化和社会生活等诸多领域，堪称藏民族的百科全书。

021

佛教名山

山西五台山

■ 五台山大文殊殿

■ 五台山黛螺顶菩萨像

魔王，供"跳神镇魔"用。腊月初八佛成道日，放进黄米、绿豆、莲子、栗子、红枣、稻米、桃仁、红糖等，做成八宝粥供佛斋僧。

在菩萨顶前院的西配殿里，还有一尊泥塑文殊菩萨像，这也是饶有风趣的佛教文物。过去，这尊文殊菩萨像的右肩上还带着一支箭，据说那还是乾隆皇帝射上的呢，乾隆皇帝给它的封号"带箭文殊"流传至今。

至北齐时期，清凉山的佛教迎来了第一个兴盛时期。北齐文宣帝高洋曾"割八州之税，以供山众衣药之资"，清凉山上的寺院发展至200多座。

564年，北齐武成帝高湛诏慧藏法师于太极殿讲《华严经》。次年，改清凉山为五台山，使《华严经》成为五台山的开山圣典，五台山的华严学派得到了进一步的发展。当时，在五台山盛传的还有涅槃

杨坚（541年~604年），隋朝的开国皇帝。弘农郡华阴，他在位期间成功地统一了严重分裂数百年的我国，开创了先进的选官制度，发展文化经济，使得我国成为盛世之国。文帝在位期间，隋朝开皇年间疆域辽阔，人口达到700余万户，是我国农耕文明的巅峰时期，被尊为"圣人可汗"。

学、禅学、律学、净土学等。

隋朝建立之后，隋文帝杨坚大力扶持佛教，下诏在5个台顶各建一座寺庙。即东台望海寺、南台普济寺、西台法雷寺、北台灵应寺、中台演教寺。

也因为五台山是文殊菩萨演教的地方，所以这5个台顶上的寺庙均供奉文殊菩萨，但5个文殊的法号不同。

东台望海寺供聪明文殊、南台普济寺供智慧文殊、西台法雷寺供狮子吼文殊、北台灵应寺供无垢文殊、中台演教寺供孺童文殊。在东台顶能看日出，西台顶能赏明月，南台顶能观山花，北台顶能望瑞雪。

从此，凡到五台山朝拜的人，都要到5个台顶寺庙里礼拜，叫作"朝台"。此后，五台山之名开始在史籍中大量出现。

李唐王朝起兵并州而有天下，所以视五台山为"祖宗植德之所"。唐太宗即位后，重视译经事业，命波罗颇迦罗蜜多罗为住持，

■菩萨顶的大雄宝殿

増加僧侶3000余人，并在旧战场各地建造寺院。

于是敕令建寺10所，度僧数百，并下诏免收五台山寺院的赋税。显而易见，从唐太宗至唐德宗，都对五台山佛教给予了极大的支持和扶助。

702年，武则天敕命重建清凉寺，令德感法师住持并掌管全国的僧尼事宜，使五台山成为全国佛教的首府所在。其后，又"神游五顶"、在清凉山安置"玉御容"，造塔立碑，并设斋供佛，对佛教进行大力的扶持，进一步促使五台山的佛教进入了兴盛时期。

唐代宗李豫时期，印度的僧人不空三藏来华，上书向朝廷建议：

大圣文殊师利菩萨，今镇在台山，福滋兆亿。伏唯宝应元圣文武皇帝陛下，德合乾坤，明并日月，无疆之福，康我生人。伏唯

武则天（624年~705年），山西文水人，是我国历史上唯一正统的女皇帝，也是继位年龄最大、寿命最长的女皇帝。武则天与唐高宗李治并称"二圣"。后来，武则天自立为皇帝，改国号为周，逝世后以皇后身份入葬乾陵。

024

圣境的神山

■ 五台山的铜塔

五台山演教寺

至今以后，令天下食堂中，于宾头胪上将置文殊师利形象，作为上座。询诸圣典，具有明文。佛只如来尚承训旨，凡出家者固合抠衣。普贤、观音犹执拂而侍，声闻、缘觉拥慧而后居。斯乃天竺国皆然，非僧等鄙见，仍请为恒式。

769年，唐代宗批准了不空三藏的建议，尊文殊菩萨为天下寺宇斋堂中的上座，钦定普贤和观音为文殊菩萨的侍者。从此，文殊菩萨就居于观音、普贤、地藏等菩萨之首。

同时，不空三藏还奏请朝廷在五台山建金阁寺，并派弟子含光和经陀亲自到五台山督造，使之成为国家的根本道场。

770年，不空三藏被召往五台山，他根据名僧道义禅师所说的文殊菩萨显圣处"金阁浮空"而创建金阁寺。该寺铸铜为瓦，瓦上涂金，以合"金阁"命名。

金阁寺修建时，由印度那烂陀寺的纯陀法师担任监工，依照经轨建造。当年秋天金阁寺落成之后，不空三藏法师被召回京城，唐代宗迎接入城。

不空三藏法师是当时新兴密宗的主要创立者，离开五台山后由门

■ 菩萨顶一角

密宗 又称为真言宗、金刚顶宗、毗卢遮那宗、秘密乘、金刚乘。8世纪时印度的密教，由善无畏、金刚智、不空等祖师传入我国，从此修习传授形成密宗。此宗依《大日经》《金刚顶经》建立三密瑜伽，事理观行，修本尊法。此宗以密法奥秘，不经灌顶，不经传授不得任意传习及显示别人，因此称为密宗。

徒高僧含光常住金阁寺弘扬密宗，创建了以《大日经》《苏悉地经》和《金刚顶经》等真言密部为理论依据，以文殊护摩法为主要的修行方法，若戒定慧，形成了具有五台山特色的密宗，享有很高的声誉。

金阁寺的殿堂共有160多间，寺院布局为两处大院、一进四重坐北向南的殿阁。寺前有天王殿和钟鼓两楼。第一处大院中间，矗立一座大阁，内供高约18米的千手观音铜像，是五台山最高最大的圣像，由纯铜铸成，外补薄泥，然后贴金。

千手观音身旁又有两尊高大的协侍像，一男一女，左边男像怀中抱有宝剑，据说这一男一女为观音的父母。殿阁两壁各供有12尊塑像，统称为"二十四诸天"。

金阁寺第一处大院的北侧有一排木构建筑，下层是僧舍，上层是塑有各种圣像的供殿，塑像设置庞杂，其中玉皇殿和三皇殿颇具特色。玉皇是道教所称天上最高的神，又称"玉帝"。

三皇指古代传说中的3个帝王，或称伏羲氏、燧人氏、神农氏为三皇，或称天皇、地皇、人皇为三皇。

与此同时，不空三藏又奏请在天下著名的寺院中置文殊院及文殊像，作为五台山文殊道场的支院。这样，以五台山为中心，以天下各著名寺院为枢纽，通过遍布全国的大小寺院形成网络，使文殊信仰得到推行，从而使五台山成为僧俗尊崇的文殊信仰的发源地和传播中心。

787年，五台山就被正式确定为文殊菩萨的道场。

五台山被定为文殊菩萨的道场之后，人们便自然地在五台山兴建了许多供奉文殊菩萨的寺院和殿堂。

五台山有专供文殊菩萨的菩萨顶、殊像寺、文殊寺、文殊院等寺院，大多数寺院中设有专供文殊菩萨的文殊殿，有的文殊殿规模甚至超过了供奉释迦牟尼佛的大雄宝殿。

供奉在五台山的文殊菩萨像多种多样，有聪明文殊、智慧文殊、狮子文殊、无垢文殊和孺童文殊，这

文殊菩萨 即文殊师利或曼殊室利，佛教四大菩萨之一，释迦牟尼佛的左胁侍菩萨，代表聪明智慧。因德才超群，居菩萨之首，故称"法王子"。文殊菩萨的名字意译为"妙吉祥"，意为美妙、雅致、可爱，师利或室利，意为吉祥、美观、庄严，是除观世音菩萨外最受尊崇的大菩萨，文殊菩萨在道教中称文殊广法天尊。

■ 五台山大雄宝殿

五方文殊像塑在黛螺顶文殊殿、显通寺文殊殿和尊胜寺的文殊殿中。

菩萨顶文殊殿中供真容文殊像，佛光寺文殊殿中供着文殊7尊像。后来，在菩萨顶、罗睺寺、显通寺、塔院寺、殊像寺内还分别供奉有黄、白、绿、黑、蓝五色文殊像。另外还有带箭文殊、灯笼文殊、老文殊、千臂千钵释迦文殊、甘露文殊、金刚文殊、大威德文殊、写戏文殊等。

唐代良好的社会环境和宽松的文化氛围，加之多位帝王尊崇佛教、扶持佛教，使得五台山佛教形成了寺院林立，寺院经济发达，佛教经典丰富，僧人数万的鼎盛局面，文殊信仰遍及天下。

佛教的各个宗派，如唯识宗、律宗、华严宗、净土宗、密宗、天台宗、禅宗的高僧大德纷纷至五台山巡礼学法，传教布道，开辟道场，并建立起属于自己的宗派。

远自斯里兰卡、印度、尼泊尔、越南、缅甸、日本等国的僧人，也慕名而来巡礼求法，其中，朝鲜和日本尤甚。如日本入唐求法高僧圆仁归国后，于861年在比睿山延历寺仿照五台山大华严寺菩萨院的文殊堂建起了文殊楼，修造了文殊像。

据传，唐代五台山佛教最为兴盛的时期，全山寺院达到了360多座，僧尼达数万人，各地兴建的寺院和僧众更是数不胜数。

阅读链接

在佛教中，认为人生一共存在有108种烦恼，所以，在众多的寺庙中，门前长长的台阶一般都与108有关，菩萨顶当然也不例外，寺前的台阶共有108阶。

佛家把解脱烦恼之道称为"法门"，每踏上一级台阶，就意味着跨入了一个法门，消除了一种烦恼。走过长长的台阶，站在悬有"灵峰圣境"横匾的彩绘牌楼下面，远望周围林立的寺庙和翠绿的山色，就寓意着已经把人世间的108种烦恼全部踩在脚下，成了一个无忧无虑的人了。

观音道场

浙江普陀山

　　普陀山原称梅岑山，与山西省五台山、四川省峨眉山、安徽省九华山并称为我国佛教四大名山。它是观音菩萨教化众生的道场，南海观音立佛是普陀山的标志。

　　普陀山是舟山群岛1390个岛屿中的一个小岛，形似苍龙卧海，面积近13平方千米，呈狭长形。岛上风光旖旎，洞幽岩奇，古刹琳宫，云雾缭绕，以山、水而著称。普陀山这座海山，充分显示着海和山的大自然之美，山海相连，显得更加秀丽雄伟，素有"海天佛国"和"南海圣境"的美誉。

佛教的兴起和普济禅寺

　　春秋越王勾践时期，舟山一带统称为"甬东"。至西汉成帝刘骜时期，南昌尉梅福赴九江入仙道，隐居在甬东，并在岛上采药炼丹，于是更名为梅岑山。

■ 普陀山普陀圣境

■ 普陀山紫竹林

因山的东南紧邻一个更小的岛屿，这个岛屿悬峙海中，称为"洛伽山"，所以有时候也连称为"普陀洛伽山"。

至晋代，炼丹家葛洪循梅福之迹，来到梅岑山，居住在仙人井附近，并筑炉炼丹。《普陀洛伽新志》中就记载着他在梅岑山寄隐的事情。由此可见，在汉晋时期，梅岑山为道家的洞天福地。

东晋十六国时期，观世音的崇拜已经开始在我国盛行起来，但是并没有专门的道场存在。

唐朝时期，政治清明，社会安定，佛教盛行，为了避唐太宗李世民的名讳，人们就将观世音简称为"观音"。

后来，随着海上丝绸之路的兴盛，梅岑山作为起始港的重要组成部分，成为日本、韩国及东南亚国家

炼丹 道教的主要道术之一，是炼制外丹与内丹的统称。外丹术源于先秦神仙方术，是在丹炉中烧炼矿物以制造"仙丹"。其后将人体拟作炉鼎，用以习炼精气神，称为"内丹术"。

■ 普陀山中的紫竹
林禅院

内侍 官名。隋
代置内侍省，掌
管宫廷内部的事
务。虽也参用士
人，但主要仍为
宦官之职。唐代
沿用不改，全部
以太监充当。宋
代增设入内内侍
省和内侍省，称
"前后省"，前
者尤为亲幸。在
宫内执役的隶属
入内内侍省。其
官有内侍、殿头
内侍、高品内
侍、高班内侍诸
名，后因称宦官
为内侍。

交往的必经通道和泊地。

在唐大中年间，有梵僧到梅岑山修行，目睹了观音大士现身说法，并授以七色宝石，梅岑山开始成为观音显圣的圣地。

五代后梁时期，日本高僧慧锷大师从五台山请观音像乘船归国，到了舟山洋面遭遇风浪，数次前行都无法如愿，认为观音不肯东渡，于是就留圣像于潮音洞侧供奉，故称"不肯去观音"。

周围渔民听说要把观音菩萨供奉在梅岑山上都高兴极了，有的砍树，有的扛石头，没多久就在潮音洞旁边的紫竹林中建起了一座只有3间简瓦粉墙的小院落。内有一间小平房，是一座精巧别致的小型佛院，称为"不肯去观音院"，后人也称"紫竹林庵"。

从此，梅岑山就成为观音菩萨的应化道场，普陀山佛教由此而兴起。

紫竹林庵在历史上曾经重建过多次，尤其是后来的清朝时期。清康熙皇帝曾御书"潮音洞"额赐挂。

雍正时期，又命僧人广记奉诏重修；道光年间，僧人仁亮与他的弟子圣觉重新进行了修葺；后来，康有为还亲笔题写了"紫竹林"的匾额。

紫竹林中的佛教建筑有天王殿、大雄宝殿、大悲楼、不肯去观音院等。其独特的文物是紫竹石，是一块雕龙的青石，石上花纹清晰，若根根紫竹丛生。雕法古朴精妙，行云流水，栩栩如生。

此后，佛教在梅岑山的发展很快。

967年，宋太祖赵匡胤派内侍王贵来山进香，并赐锦幡，首开朝廷降香普陀之例。

至1080年的宋神宗时期，开始在梅岑山正式建寺，并特赐"不肯去观音院"，命名为"宝陀观音寺"，也称"前寺"，并将山名更改为"宝陀山"。当时，日韩等国来华经商、朝贡者，也开始慕名登山礼佛，宝陀山开始声名远扬。

后来，宝陀观音寺被更名为"五台圆光寺"，香火开始繁盛起

■ 普陀山普济寺风景

圣境的神山

来。宋代嘉定皇帝御书"圆通宝殿"匾额，定为专供观音的寺院。

后来在1473年（明万历三十三年），朝廷派太监张千来山扩建宝陀观音寺于灵鹫峰下，并赐额"护国永寿普陀禅寺"，寺庙规模宏大，是当时东南方最大的庙宇。

康熙年间，重建之后赐额"普济群灵"，始称"普济禅寺"。

进入普济禅寺一般都要经过一个石牌坊，此坊四柱三门，高约20米，柱上横楣雕刻有精致的云绫和石葫芦。坊内北侧，竖立一通石碑，上书有"文武官员军民人等到此下马"的字样。据说这是皇帝立下的圣旨，文武官员、庶民百姓从此路过，必须下马下轿，以示对观音菩萨的崇敬。

■ 普济禅寺正门

■ 普济寺亭阁

在普济禅寺前有一个约为15亩的莲池，名叫"海印池"，也叫"放生池"，是后来的明朝时期建造的。"海印"为佛所得三昧之名，如大海能汇聚百川之水，佛之智海湛然，能印现宇宙万法。

池上筑有3座桥，中间一座桥面平阔，北接着普济禅寺的正门，南衔御碑亭。桥中有一湖心亭，又称"八角亭"，正对普济寺山门。周围玉液拥抱，粉墙环绕。

夏日荷花盛开，绿叶田田，红花亭亭，景色迷人，憩此玩赏，凭栏临风，顿觉暑气全消。

桥南的御碑亭，在湖心亭前，与海印池相连。亭中立有白玉碑一通，碑文记载了梅岑山的发展历史，碑额上的雕龙栩栩如生，书法遒劲刚健。石刻非常精美，可谓双绝，碑极名贵。

普济禅寺的东面一座为拱桥，称"永寿桥"，桥

庶民 平民百姓。我国战国以前的时代，"百姓"是指有姓之人。那时候有姓的就都是王公贵族，百姓也就是"百官"。一般的平民，老祖宗又无权无势，够不上称"百姓"，只能说是"黎民"，或者被称为"庶民"。

■ 普陀山荷池

上石栏柱头上刻有狮子40座，形态各异，生动逼真。石桥古朴典雅，为雕刻中的珍品。

桥前有菩萨墙影壁，上书"观自在菩萨"5个大字，字高5尺，苍劲有力。相传观音菩萨悲智双圆，从悲则称观世音，从智则称观自在。

墙旁刻有《心经》，而且有诗赞道：

> 海上有山多圣贤，众宝所成极清净。
> 勇猛丈夫观自在，为度众生住此山。

普济禅寺的西面有一座长埂拱桥，四隅镂有龙首，逢雨水就会从龙嘴喷出，似袅袅轻烟。莲花池三面环山，四周古樟参天，池水为山泉所积，清莹如玉。

每当盛夏之际，池中荷叶田田，莲花亭亭，映衬着古树、梵宇、拱桥、宝塔倒影，构成一幅十分美妙

拱桥 我国的拱桥始建于东汉中后期，已有1800多年的历史，拱桥是由伸臂木石梁桥、撑架桥等逐步发展而成的，在形成和发展过程中的外形都是曲的，所以古时也常称为"曲桥"。在我国古代的一些文献中，还用"圊""窒""窦""瓮"等字来表示拱。

的图画。夏季月夜到此，或风静天高，朗月映池，或清风徐徐，荷香袭人，形成"莲池夜月"的美景。

荷花，佛家称之为莲花，是圣洁、清净的象征。佛家称极乐世界为"莲邦"，以为彼土众生以莲花为居所，认为众生皆有佛性，只是由于被生死烦恼所困扰，才没有显发出自己的佛性，因而陷在生死烦恼的污泥之中。

而莲花出淤泥而不染，濯清涟而不妖，故佛教以莲花来比喻佛性。观音菩萨就是普度众生的"莲花部主"。

普济禅寺共有六进殿堂，自南向北贯穿在一条中轴线上。山门东侧为钟楼，采用重檐歇山式建筑结构，内悬置一口大铜钟，重约3500千克。山门西侧有鼓楼，建筑形式同钟楼。每天清晨撞钟，傍晚击鼓，召集僧众参加活动。

天王殿也称金刚殿，面宽5间，进深4间，为重檐歇山式。进门迎面是一弥勒菩萨，盘坐在莲花座上，一手拿一只布袋，据说他能将世人的一切苦难都装入这个布袋之中。

佛像两旁有一副对联：

大腹可容容世间难容之事，
佛颜常笑笑天下可笑之人。

用以劝诫人们要以慈悲大度为怀，用乐观的态度来面对风雨变幻的生活。

普陀山普济寺碑刻

四大天王 原本是佛教中4位护法天神的合称，俗称"四大金刚"，他们分别是东方持国天王、南方增长天王、西方广目天王和北方多闻天王。

九踩斗拱 清式斗拱按出跳数称呼，里外出一跳称三踩斗拱，出二跳称五踩斗拱，出三跳为七踩斗拱，出四跳为九踩斗拱。牌坊斗拱可多至十一踩。

■ 普陀山南海观音

弥勒菩萨后面的塑像是韦驮菩萨，昂然挺立，手持宝杵，据传韦驮是神将之首，常于东、南、西三州巡游，守护伽蓝，属护法神。两旁的四大天王宛如4名卫士在维护法门，他们是东南西北4个方面的天王，各自手里拿着法器。殿后有香樟8棵，直径最大的达两米多，十分茂盛。

大圆通殿是普济禅寺的主殿，圆通是观音菩萨的别号，是供奉观音菩萨的场所。殿堂宏大巍峨，殿面阔7间，进深6间，重檐歇山式，黄琉璃顶，九踩斗拱，门心板雕二龙戏珠。大殿可容数千人，有"活大殿"之称。

殿前平台周有石雕栏板，台中有钢鼎炉，高约4米，上铸"普济禅寺""千秋宝鼎"和"光绪辛丑冬月吉旦"等字样。殿内正中端坐着高达8.8米的观音菩萨，全身金黄，眉清目秀，慈祥含笑，身边站立着她的门徒善财和龙女，神态天真活泼。

在大殿的东西两壁又各塑有16尊不同服饰和形态的菩萨，称"观音三十二应身"，即观音以不同身份教化世人时的现身说法形象。

她们是：辟支佛身、声闻身、梵王身、帝释身、自在天身、大自在天身、天大将军

身、毗沙门身、小王身、长者身、居士身、宰官身、婆罗门身、比丘身、比丘尼身、优婆塞身、优婆夷身、长者妇女身、居士妇女身、宰官妇女身、婆罗门妇女身、童男身、童女身、天身、龙身、夜叉身、乾闼婆身、阿修罗身、边楼罗身、紧那罗身、摩睺罗迦身、执金刚神身。再加上中间供奉的观音佛身，共33身，是梅岑山观音道场的独特之处。

■ 普陀山景色

主殿两旁建有配殿。东首为文殊殿，供奉应化于五台山的文殊菩萨。西首为普贤殿，供奉应化于峨眉山的普贤菩萨。两侧回廊是罗汉堂，各塑18尊罗汉。

普济禅寺法堂面宽5间，重檐歇山式，楼下是法堂，楼上为藏经楼，收藏着万卷经书。两侧又有配殿，东首为普门殿，西首为地藏殿，供奉应化于九华山的地藏菩萨。

这样排列，把我国四大佛山的主佛都集中在了一起，宾主相比，使"震旦第一佛国"的梅岑山主佛观音菩萨显得更为突出。

歇山式 在形式多样的古建筑中，歇山式建筑是最基本、最常见的一种建筑形式。即前后左右有4个坡面，在左右坡面上各有一个垂直面，故而突出9个脊，又称"九脊殿""汉殿""曹殿"，这种屋顶多用在建筑性质较为重要、体量较大建筑上。

■ 普陀山寺庙

祭酒 我国古代主管国子监或太学的教育行政长官。晋武帝时期始设，以后历代多沿用。为国子学或国子监的主管官，因国子监是当时国立的最高学府，传授儒家思想，其中最重要的礼仪就是祭祀，所以国子监的主管被命名为祭酒。战国时荀子曾三任稷下学宫的祭酒，唐代的韩愈、明代的崔铣都曾任过国子监祭酒。

功德殿在寺的最后，是佛教信徒为其祖宗立位做功德的佛堂。殿堂四周附设斋堂、僧舍等。

普济禅寺内有龙眼泉、菩提泉、菩提井，都是煮云雾佛茶的上品泉水。过去设有茶室，用以招待香客之用，是"静室茶烟"的所在地。

普济禅寺后湾有真歇庵遗址，是本山禅宗第一代祖师真歇和尚的修静之处，其东侧的无畏石高5丈，刻"海天春晓"和"空有境"的字样，并有一对联"寰区照瑞相，刹海遍潮音"。

石巅过去有真歇禅师塔，寺西过去有清静庵，又称"三摩地"。

普济禅寺后有一块石，宛如3扇门板并竖，状如宝岛，叫"灵鹫石"，又名"慈云石"，上刻有后来明朝国子监祭酒陶望龄的"鹫岭慈云"题词。

石隙间有泉流入寺，清冽有香气。

明代右副都御史丁继嗣有诗道：

版心来宝地，蹑足上慈云。

泉溜穿橱入，昙香满院闻。

何幸逢林远，幽探绝世氛。

说的就是这慈云石的盛况。

普济禅寺是梅岑山佛教的活动中心，一切重大的佛教活动都在此举行。每天来普济禅寺进香的善男信女络绎不绝，香火异常繁盛。

1131年，宝陀观音寺主持真歇禅师奏请朝廷允准，易律为禅，并将山上的700多渔户全部迁出，辟为"佛地净土"。宋宁宗嘉定年间，朝廷指定宝陀山为专供观音的道场，山中各寺院内均塑观音像。

后经历代兴建，寺院林立。鼎盛时期全山共有四大寺、106庵、139茅蓬，4654僧侣，史称"震旦第一佛国"。

副都御史 官名，明始置，为都察院左右都御史副职，分左右，正三品。在外督抚，也加都御史或副、金都御史衔。清沿置，以左副都御史协理都察院事，满汉各两人。以右副都御史与右都御史、右金都御史为外督抚系衔清。1748年乾隆皇帝废右都御史衔。

阅读链接

日本慧锷大师从五台山求来的观音佛像被供奉在"不肯去观音院"之后，就知道自己心里喜爱的观音佛像再也请不回日本了。他朝暮参拜，有时望着佛像苦苦发呆。

一天，他突然想到，既然请不回观音，我何不把观音佛像画下来，回到日本以后，再请人照着画样雕刻一尊呢？

于是慧锷拿出纸笔，把墨磨得浓浓的，对着观音佛像倾注心力，一笔一笔精细地画了起来。

他日也画，夜也画，画了整整三天三夜，才将这幅观音图画成，画得和观音佛像简直是一模一样，鬔发修眉，无不毕肖，慈容慧目，端庄可敬。慧锷满心欢喜，带着观音佛像，高高兴兴地回日本去了。

普陀山寺庙的集中发展

元代年间，僧孚中托钵江南，见姑苏盛产美石，便立志建塔。

孚中是浙江奉化人，被元顺帝赐号为"广慧妙语智空宏教禅师"。他住持普济禅寺14年，以勤俭简朴著称，为兴建名山道场，多

■ 普陀山法雨寺

次外出云游募化，得到江南诸位藩王的隆重接待，太子宣让王等出资建造多宝塔，故又名"太子塔"。

■ 普济寺夏日美景

元代时普济寺与对面的梵山之间，是一条长长的沙滩，紧连百步沙，面临大海，潮水一涨，滔滔白浪就会涌到普济寺山门跟前。

至农历八月大潮汛时，更是风狂浪高，飞沙走砾，这给清静的普陀山带来了不少灾难。

有一年中秋节期间，元朝皇太子宣让王到普陀山游山玩水，一天夜里，正当他兴致勃勃地坐在普济寺山门前听潮赏月时，突然一阵狂风把他吹倒在地，他那顶太子帽也被狂风刮到了海里。

太子惊恐万状，忙问住持孚中禅师："这是何物作怪？"

孚中禅师见太子动怒，便告诉他说："山门前的沙滩下蛰伏着一条小怪龙，每到中秋节时它会喘气、打滚，舒展一下龙身，进而引起山上起风，海上掀

藩王 介于地方长官与独立君主之间的统治者。他们可能是已形成地方割据势力，但在名义上仍未宣布独立的地方长官，或者由某强国册立统治某地区的半独立君主。藩王一般都有独特的名衔，这些名衔并非一般的地方长官职衔，而是比地方长官职衔较为尊贵的封号。久而久之，这些名衔会演变为真正的君主称号。

太子 古代君主的儿子中被预定继承君位的人。周时天子及诸侯的嫡长子，称为太子或世子。汉时称为皇太子，金元代时，皇帝的庶子称为太子，明代以后皇帝的嫡子称皇太子，亲王的嫡子称世子。太子的地位仅次于皇帝本人，并且拥有自己类似于朝廷的东宫。

■ 普陀山胜景

浪，给人们带来祸害。"

太子听了，大吃一惊，急忙问道："小龙如此作孽，可如何是好？"

孚中禅师说："要镇住孽龙并不难，只要建一座塔就可以了。"

太子高兴地说："此法如行，我愿奏明父皇，传旨造塔，镇住孽龙！"

第二天，孚中禅师带着几个泥工匠，来到梵山口的沙滩上，抓一把泥沙放到鼻子下闻了闻，蹲下身子，把耳朵贴在沙滩上听了听，然后用禅杖在地面上画了个圈说："就在这里打桩造塔！"

太子不解其意，正想问明原因，孚中禅师连忙凑了过去，轻轻地说："要造塔镇住孽龙，这塔就要造在龙的咽喉7寸之处。"

时隔一年，一座四角玲珑的佛塔造好了，这就是现在的多宝塔。多宝塔完工那天，正好又是中秋佳节，蛰伏在普济寺山门前沙滩下的小龙又苏醒过

来了，它想伸伸腿，舒展一下龙身，却感到浑身不自在，睁开眼一看，见有4根又粗又长的石柱，紧紧地卡住了自己的咽喉部位，无法动弹。

从此，恶浪难越百步沙，狂风远避普济寺。

多宝塔取《法华经》多宝佛塔之义而定名，全用太湖石砌成，呈方派共5层，高32米，台面栏柱刻有护法神狮及莲花。座基较宽，平台的转角处及四周栏下饰有螭首，做张口吐水状，造型生动，具有浓郁的元代建筑特色。

第二层的蟠龙柱，体态雄健，纹饰线条流畅。塔上身三层四面各镂古佛一尊，结跏趺坐式，瑞容妙丽，形象生动。

塔刹为仰莲宝瓶，整座建筑造型别致，雕工精巧，具有浓郁的元代风格，十分罕见，是昔日景观"宝塔闻钟"的所在地。

■ 普陀山多宝塔

螭首 又叫螭头，螭是传说中一种没有角的龙，龙生九子之一，属传说中的蛟龙类。古建筑或器物、工艺品上常用它的形状作装饰。嘴大，肚子能容纳很多水，在建筑中多用于排水口的装饰，称为螭首散水。

■ 普陀山莲池

法雨寺又称"后寺"，距普济禅寺2.8千米，创建于1580年，因当时此地泉石幽胜，结茅为庵，所以取"法海潮音"之义，取名为"海潮庵"，后改为"海潮寺"，最终更名为"护国镇海禅寺"。

此后，历代都对护国镇海禅寺进行重建和修葺，清康熙年间，明益禅师孤身入闽募资，历时3年，将所募财物用以建圆通殿，专供观音佛像，两年后又建大雄宝殿，供奉诸位菩萨。

后来，清朝康熙皇帝特赐金修寺，并修缮了大殿，赐"天华法雨"和"法雨禅寺"匾额。清朝同治、光绪年间又陆续建造殿宇，使之成为名扬江南的一代名刹。

法雨寺占地3.3万平方米，存有殿宇294间，依山取势，分列6层台基之上。

入山门依次升级，中轴线上有天王殿，后有玉佛殿，两殿之间有钟鼓楼，又依次为观音殿、御碑殿、大雄宝殿、藏经楼、方丈殿。其中，观音殿又称"九龙殿"，九龙雕刻十分精致生动，九龙殿内的九龙藻井及部分琉璃瓦从南京明代宫殿拆迁而来。

法雨寺整座寺庙宏大高远，气势超凡。不远处的千步金沙空旷舒坦，海浪声日夜轰鸣。

北宋的文学家王安石曾写诗称赞道：

树色秋擎书，钟声浪答回。

从普济禅寺前往法雨寺，要经过一段名为"玉堂街"的香道，香道的尽头是一片名为"日莲池"的池塘，莲池汇聚锦屏山南麓诸溪之水，水从山岩迸出，清冽异常，历久不竭。此处所产的莲子，历史上曾被列为贡物。

藻井 我国传统建筑中室内顶棚的独特装饰部分。藻井一般由多层斗拱组成，由下而上不断收缩，形成下大顶小的倒置斗形，外层方形或多边型，顶心一般圆形。围饰以各种花藻井纹、雕刻和彩绘。多用在宫殿、寺庙中的宝座、佛坛上方最重要的部位。

法雨寺九龙壁

■ 法雨禅寺

九龙壁 影壁的一种，即建筑物大门外正对大门以作为屏障的墙壁，俗称"照墙""照壁"。影壁是由"隐避"演变而成。门内为"隐"、门外为"避"，以后就惯称影壁。

池上有座海会桥，是进入法雨寺的正路，是后来光绪年间法雨寺的住持化缘募修而成的。桥前古木参天，幽静淡雅。

"海会"意指诸佛菩萨聚会在一起，其德之深与数量之多，犹如大海之广阔无边。

海会桥横跨日莲池上，将池分割为东西两潭。桥为单孔石拱桥，长约20米，宽5米，两侧栏板的双面浮雕上刻有各种戏剧故事、竹木花卉、飞禽走兽、虾蟹鱼鳖等图案共52幅，雕刻精致，栩栩如生。

法雨寺的寺门不同于一般寺庙的山门，不在中轴线上，而在东南角上，一条青石板路蜿蜒而上，弘一法师等都在这里留下过足迹。山门主建筑为重檐方亭，匾额青蓝底镶金字，上题"天华法雨"4个字。

方亭西是影壁，原为砖雕三龙壁，上书梵文"唵嘛呢叭弥吽"，用60块0.7米见方的青石浮雕砌成，全壁雕刻镶嵌精致，不露缝隙，犹如一整块大石板雕刻而成。后改建为九龙壁，高两米，宽12米，厚1米，极富立体感，壁中九龙昂首舞爪，腾云戏珠，形象逼真。

九龙壁对面是一座重檐歇山式建筑，檐间额题"天王殿"，殿前古樟成林，甬道两侧竖有两根旗杆，十分特别。

其中的一根已经变换过七八次，而另一根虽常被香客当作神物，剥皮做药，但仍然巍峨高耸，故有"后寺活旗杆"之称。殿内四大天王的位置排列与众不同，据说是为了避免与普济寺重复。

天王殿后的玉佛殿面阔3间，外加围栏，黄琉璃顶，是一座小巧玲珑的重檐歇山式建筑。大殿东西有钟楼和鼓楼各一，月台上有古柏一棵，苍老劲健，西侧植罗汉松一棵，直径1米多，颇为罕见。

■ 普陀山放生池

圣境的神山

■ 法雨寺禅堂

玉佛殿原供有清朝光绪年间从缅甸请回的释迦牟尼玉佛像一尊,像高两米,玉色皎洁,雕琢极精。被毁之后,供奉的是从北京永乐宫移来的玉佛。

九龙殿又称"圆通殿",是法雨寺的主殿。殿前有古树10余棵,其中两棵大树古银杏和古桧柏高入云天。西侧的银杏胸径3米,树龄有500多年。

东侧的龙凤柏苍老劲健、蟠屈如虬螭,形状独特,是宝陀山上最有名的两棵古柏。

大殿台前三面石栏板上分刻着"二十四行孝图",取自元代郭居敬编撰的古今24个孝子的故事。这些浮雕构图完整,线条流畅,是明代石刻浮雕中的精品,有很高的艺术价值。

大殿是后来的康熙皇帝增建的。

1699年,康熙皇帝赐"法雨禅寺"额时,下发"拆金陵旧殿以赐"令,拆金陵城内琉璃瓦12万张,仿金陵明故宫的九龙殿盖成。殿分7间,高22米,面阔35米,进深20米,面积达1000多平方米。

大殿内无一梁、一钉,堪称一绝,是我国寺院建筑中规格最大和

■普陀山亭阁

建筑艺术水平最高的佛殿。

九龙殿内最有名的当数"九龙藻井",藻井按古朴典雅的九龙戏珠图案雕刻而成。

一条龙盘顶,8条龙环,8根垂柱昂首飞舞而下,8根金柱的柱基是精致的雕龙砖,正中悬吊一盏琉璃灯,宛若一颗明珠,组成九龙戏珠的立体图案,造型优美,刀法粗犷,成于明代初,九龙殿之名便因此而得。

大殿正中供奉6.6米高毗卢观音坐像,后壁为大型海岛观音群塑及善财童子群像,两旁列十八罗汉。

御碑殿殿宇5间,黄瓦盖顶,西侧楼屋内有门可通上佛顶山的香云路。大殿面宽5间,进深4间,前有外廊,斗拱承担,殿中供三世佛。

殿东耳殿3间,为三圣殿,供三圣立像。西耳殿3间为关帝殿,供关公金坐像,两侧配房各5间。

1605年,明朝万历皇帝赐宝陀观音寺为"护国永寿普陀禅寺",宝陀山自此更名为"普陀山"。

南天门是在清代康熙年间由普济寺住持通旭正式题名的。南天门孤悬入海，正南有小石桥与本岛相通，因桥似龙，故称环龙桥。岛上有梵刹，又有观音大士坛。入门有巨石矗立，清总兵蓝理题名"海山大观"4个字于其上，体势苍劲。

这些门并无绳墨规矩，彩拱飞檐，不过是巨石突兀，相对耸峙而类似于"门"而已，但三天门名立，普陀山便俨然一海天净国了。

在南天门旁，是普陀山南海观音立佛之地，面朝大海，与洛迦山隔海相望。南海观音铜立像气魄宏大，雕制精巧，世所罕见，是普陀山标志性的建筑物和海天佛国的象征。

南海观音立像基座分两层，第一层为功德厅。厅内正中直径5.6米的铜柱上铸有20幅观音说法图和妙善大和尚像，两壁悬挂着"观音送饭""二龟听法""飞沙连海"和"蓝公护法"的大型木刻壁画，雕刻极为精细。

基座的第二层为观音堂。堂内供奉着500尊各具妙相的紫铜观音像，中音铜柱铸刻着"观音三十二应身像"。

普陀山南海观音铜像造型尽现了观音菩萨的慈、悲与柔美，形象端庄，线条流畅，金光闪闪，是海天佛国宗教艺术的一大瑰宝。

阅读链接

普陀山在东海，为什么要称为"南海普陀山"呢？

长期以来，人们认为有两个原因：一是因为在《史记·秦始皇本纪》中有"上会稽，祭大禹，望于南海"的记载，以为古代称普陀山为南海。

二是因为在唐朝以前，我国的政治文化中心在陕西西安，普陀山在其南边，因此，唐朝之前的普陀山一带海面被称为南海。后来，随着朝代的变迁，政治中心前往北京，从明朝始普陀山一带海面改名为东海。但由于南海观音的叫法深入人心，所以，尽管海面易名，南海观音的称谓还是保留了下来。

旖旎秀丽的海岛奇观

普陀山虽不高不大，但风景却异常秀美，还以山水美著称。普陀山风光独特，四时景变，晨昏物异可谓风光无限，可与山东的"蓬莱仙境"相媲美。

■ 普陀山海岛奇观

圣境的神山

渔歌 民歌的一种，沿海地区以及湖泊港湾渔民所唱。分深海、浅海两类。前者是深海作业渔民所唱，近似咸水歌，后者是海边渔家妇女所唱，通常主要指浅海渔歌。

普陀山景中有景，包括莲洋午渡、短姑圣迹、梅湾春晓、磐陀夕照等，或险峻、或幽幻、或奇特，给人以无限的遐想。

莲洋就是莲花洋，处在舟山本岛与普陀山之间，北接黄大洋，南为普沈水道。莲花洋是因日本僧人欲迎观音像回国，海生铁莲花阻渡的传说而得名。

莲花洋是登普陀山进香的必经之航路，航行在洋上，如果赶上午潮，就能见到洋面波涛微耸，状似千万朵莲花随风起伏，浮想联翩。如遇到大风天，这里则是波翻盈尺，惊涛骇浪，展现出另一番极为壮观的景色。

曾有渔歌赞咏道：

■ 普陀山观音像

莲花洋里风浪大，无风海上起莲花。
一朵莲花开十里，花瓣尖尖像狼牙。

　　海湾春晓指的是普陀山的早春景色，普陀山因西部山湾为梅湾，也称作"前湾"。据传此地多野梅，庵、篷中的僧众多好养梅怡性。

　　每当早春季节，春回大地，遍山野梅，香满山谷，青山绿树，映衬着点点红斑，煞是一番美景，曾被人誉为"海上罗浮"。

　　每当晴朗无风时日，伫立西山巅，远眺莲花洋，只见渔舟竞发，鸥鸟翔集，海中波涛，粼粼闪光，山外青山，层层叠翠，美不胜言。若在月夜，则疏枝淡月，岛礁朦胧，幽香扑鼻，更加令人陶醉。

　　"磐陀夕照"是磐陀石一带的傍晚景色。磐陀石由上下两石相垒而成，下面一块巨石底阔上尖，周长20余米，中间凸出处将上石托住，为磐。上面一块巨石上平底尖，高3米，宽近7米，菱形，为陀。

　　上下两石接缝处间隙如线，睨之通明，似接未接，好似一石空悬于一石之上。

■ 普陀山拱桥

圣境的神山

每当夕阳西下，石披金装，灿然生辉，在山顶环眺四周，则见汪洋连天，景色壮奇，堪称普陀山的一大奇观。

法华灵洞内的景观非常奇特，由方圆巨石自相垒架而成，形成的洞穴多达10余处，有的洞穴狭隘低迫，伛行可过。有的宽广如室，中奉石像。有的则上丰下削，泉涓滴漏，自石罅流出而下注成池。

普陀山的洞穴虽多，层复出奇，但唯此洞为最。洞外有"青大福地""普陀岩"和"东南大柱"等题刻。

"古洞潮声"中的古洞指潮音洞。它半浸海中，纵深30米左右，崖至洞底深10余米，海岸曲折往复，巉岩峭壁，怪石层层叠叠。洞底通海，顶有两处缝隙，称为"天窗"。

潮音洞口朝大海，呈张口状。日夜为海浪所击拍，潮水奔腾入洞口，势如飞龙，声若雷鸣。若遇大风，浪花飞溅，浪沫直冲天窗之上。如是晴天，洞内

县令 官名。战国时三晋和秦称县的行政长官为令。县令原本直接隶属于国君，但是战国末年，实行郡县两级制，于是，县开始成为郡的隶属，县令也就成了郡守的下级官员。

七彩虹霓幻现，叹为奇观。

据载，宋元时期来普陀朝山香客，多在潮音洞前叩求菩萨现身赐福，明以后则多去梵音洞叩求观音大士显灵。香客中常有纵身跃下山崖，舍身离世，借以往生西方极乐世界者，于是定海县令就在岸上建亭，并亲书《舍身戒》，立碑以禁香客舍身之举。

过仙人井，登八宝岭东望，见岗上有岩斜峙似象，伸鼻举目，眺望东海，此即为象岩。象岩上侧，犹有驯服似兔的兔岩。

象岩以东临海处，复道转折，层梯而下，有一天然洞窟，广不逾丈，却幽邃窈冥。洞外巨石参差，积叠入海。洞口面朝东洋，左右挽百步沙与千步沙。

每当晴天，清晨在此看日出，观海景，景色壮丽，叹为观止。旭日"巨若车轮，赤若丹砂，忽从海底涌起，赭光万道，散射海水，千鲜相增，光耀心目"。

所以起名为"朝阳洞"，并把"朝阳涌日"列为普陀山的美景之一。在普陀山见日出，以朝阳洞为先。

朝阳洞也是听潮音的好去处。根据书中记载，身处其中，能听到

■ 普陀山湖光山色

圣境的神山

■ 普陀山灵石禅院

欧阳修（1007年～1072年），字永叔，号醉翁，别号"六一居士"，吉州永丰人，因吉州原属庐陵郡，喜欢以"庐陵欧阳修"自居。谥号"文忠"，世称"欧阳文忠公"，北宋卓越政治家、文学家、史学家，与韩愈、柳宗元、王安石、苏洵、苏轼、苏辙、曾巩合称"唐宋八大家"。

浪涛轰鸣而下，如千百种交响乐迭奏，别有情趣。

千步金沙，沙色如金，纯净松软，宽坦柔美，犹如锦茵设席，人行其上，不濡不陷。海浪日夜拍岸，涛声不绝。浪潮嬉沙，来如飞瀑，止如曳练。每遇大风激浪，则又轰雷成片，骇人心魄。倏忽之际，诡异尤常，奇特景观，不可名状。

千步沙沙坡平缓，海面宽阔，而且水中无乱石暗礁，每临月夜，婵娟缓移，清风习习，涛声时发，其清穆景色更为诗意盎然。故有人曾将其与壮丽的朝阳涌日，合称为"普陀山绝观"。

到普陀山，晚上能听到千步沙那里的海潮音，声若雷轰，震耳欲聋，万马奔腾似的，比欧阳修《秋声赋》中所说的声音还要大上百千万倍。

普陀山现在发展至三大丛林，80余家院庵，160多个茅蓬，所以每天木鱼音声是不会断的，尤其海潮的声音是永久不会断绝的！最奇特的海潮拜浪，不管起什么风，千步沙的海潮是始终不会随风转浪的，仍然是一波一波地扑向这一边来。

有人说这是潮拜浪，无情的潮水也知道朝拜观世音菩萨。如果遇见大风激荡，那千步沙的波浪，若雷轰云涌，炫目震耳，来若飞瀑，止若曳练，倏然万变，不可名状。

"光熙雪霁"指的是光熙峰的雪后景色，普陀山难得下雪，冬天显得宁静而奇妙。雪后登临佛顶山，俯瞰光熙峰，犹如碧玉塑就，银装素裹，千树万树梨花开，山色混一，海大抵与冻云齐平。

茶山位于佛顶山后，自北而西，蜿蜒绵亘。山势空旷，中多溪涧。而每在日出之前，茶树林凤雾缭绕，时而如丝似缕，时而氤氲弥漫。此时此刻，如若身处其间，如梦如幻，令人遐思无限。

古代普陀山没有居民，山中僧人自种自食，种茶是住山僧人的一项重要劳作。每到采摘季节，众僧一齐出动，山上立时出现一种"山山争说采香芽，拨雾穿云去路赊"的繁忙景象。

普陀茶山之茶，被人称作"云雾佛茶"，因为此茶树多为僧人所种植，因而和山僧谈论"茶山凤雾"也别具一番情韵。

天门清梵，指普陀山最东端梵音洞的景观。从法雨寺经飞沙岙，过祥慧庵，即为普陀最东部的青鼓垒山。青鼓垒插入普陀洋，想必是此地常为惊涛拍崖，潮声撼洞，昼夜轰响，宛如擂鼓，故又称"惊鼓擂"。

普陀山佛教建筑

在青鼓垒山东南端有一天然洞窟，洞岩斧劈，高有百米，峭壁危峻，两边悬崖构成一门，习称梵音洞。在普陀山众多神奇的洞壑中，梵音洞的磅礴气势和陡峭危壁，为其他洞所莫及。

梵音洞山色清黔，苍崖兀起，距崖顶数丈的洞腰部，中嵌横石如桥，宛如一颗含在苍龙口中的宝玉。

两陡壁间架有石台，台上筑有双层神龛，名"观佛阁'。凡欲观览梵音洞者，先要从崖顶迂回沿石阶而下，然后来到观佛阁。据传在这里观佛，人人看到的佛都不同，即使是同一个人，也会随看随变，极为奇异。普陀山四面环海，风光旖旎，幽幻独特，被誉为"第一人间清净地"。山石林木、寺塔崖刻、梵音涛声，皆充满了佛国神秘的色彩。

岛四周金沙绵亘、白浪环绕，渔帆竞发，青峰翠峦、银涛金沙环绕着大批古刹精舍，构成了一幅幅绚丽多姿的画卷。岩壑奇秀，磐陀石、二龟听法石、心字石、梵音洞、潮音洞、朝阳洞等，都与观音结下了不解之缘，流传着美妙动人的传说。它们各呈奇姿，引人入胜，一派海天佛国景象。

阅读链接

关于二龟听法石的由来，民间一直都有两个传说。

一传，观音菩萨在说法台上讲经说法，东海龙王知道之后就派他的两个龟丞相前来听经，没想到两位龟丞相听得入了迷，再也不愿意回龙宫了。龙王知道后非常生气，就将他们化为了石头。

二传，这是雌雄两只乌龟，因为在观音菩萨讲经圣地戏闹而触怒天帝，于是把它们变为石像永远聆听观音菩萨的教诲。

四川峨眉山

　　峨眉山位于四川省峨眉境内，面积154平方千米，最高峰万佛顶海拔3099米。它地势陡峭，风景秀丽，有"秀甲天下"之美誉。峨眉山是我国四大佛教名山之一，作为普贤菩萨的道场，主要崇奉普贤大士，有寺庙26座，其中的八大寺庙，佛事频繁。

　　峨眉山平畴突起，巍峨、秀丽、古老、神奇。它以优美的自然风光、悠久的佛教文化、丰富的动植物资源和独特的地质地貌而著称于世。

画中姑娘幻化的峨眉山

从前，在峨眉县城的西门外，有一个西坡寺。有一年，一个白发苍苍的老画家在寺内留宿，住持和尚自幼喜欢书画，时间一长，就和

老画家结下了深厚的友谊。

一天，风和日丽，绿柳低垂，画家邀请和尚同游乐山乌尤寺。和尚笑着推辞说："这里离乐山有几十里路，来回要一天时间，很不方便。"

画家见和尚不去，便独自去了。不到半天工夫他就回来了，还带回来几幅乌尤寺的画送给和尚。

和尚心里十分高兴，但是同时也感到非常奇怪：为什么画家不到半天就游完乌尤寺回来了？这个谜和尚一直猜不透。

又过了几天，画家来向和尚告别，并付给食宿费用。和尚坚持不收。

画家见和尚不愿收钱，猛然想起和尚喜欢画，便拿出笔墨纸砚对和尚说："你不收钱，那我就画几张画送给你。"

普贤道场

四川峨眉山

■ 秀甲天下的峨眉山

■ 峨眉山石刻

圣境的神山

客堂 为寺院日常工作的管理中心，负责对外的联络、宾客、居士、云游僧的接待，本寺院各堂口的协调，僧众的考勤和纪律，各殿堂的管理，以及寺院的消防、治安等。客堂集外交、内务于一体，事务十分繁杂。

和尚听了，满心欢喜。

不一会儿，画家就画好了4幅画，每一幅上都画着一个美丽的姑娘。第一幅画的是一个身穿绿衣绿裙，头上披一条白色纱巾的姑娘；第二幅画的是一个身穿红衣红裙，头上披一条绿色纱巾的姑娘；第三幅画的是一个身穿蓝衣蓝裙，头上披一条黄色纱巾的姑娘；第四幅画的是一个身穿黄衣黄裙，头上披一条红色纱巾的姑娘。

因为古时候称美丽的姑娘叫娥眉，所以画家把4幅画题名为《娥眉四女图》。

画家把画交给和尚，并且嘱咐他："你把画放在箱子里，等过了七七四十九天以后再拿出来挂。"

画家走后，和尚想，这样好的画放在箱子里太可惜了，何不挂出来让大家观赏观赏呢？于是就把这4幅画挂在了客堂里。

一天，和尚从外面回来，忽然看见有4个姑娘正坐在客堂里说说笑笑。

和尚看着这几个姑娘很面熟、又觉得很奇怪，刚才出去时并没有见到过这几个姑娘呀，就问："你们几个姑娘是来游庙还是拜佛呀？"

4个姑娘并不答话，只是嘻嘻地笑着往外跑。

这时，和尚忽然发现壁上4幅画上的美丽姑娘都不见了，原来跑出去的4个姑娘就是画上的呀！

于是，和尚就在后面追。3个姐姐跑得快点儿，跑到前面去了，四妹跑得慢，落在后面。姐姐们回头一看，见四妹还在后面，就停下来等她。

这时，和尚已经追上四妹，抓住了她的裙角，要拖她回去。四妹见不得脱身，就喊："大姐、二姐、三姐，快来救我！"

3个姐姐见四妹被和尚拖住不放，就生气地骂："这和尚真不害羞！"

四妹因为隔得远，只听到"不害羞"3个字，以为姐姐们在骂她，羞得满脸绯红，无地自容，便立刻变成一座山峰。

和尚忽然不见了姑娘，面前却出现了一座大山，心想，你变成山我也在旁边守着你，反正不能放走你。

峨眉山万佛顶

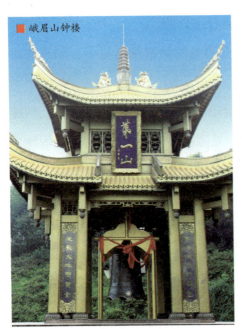
峨眉山钟楼

3个姐姐见四妹变成了一座山，也变成3座山等着她。后来，和尚死在山旁边，变成了一个瓷罗汉，仍然守着山。人们在那里修了一个庙宇，就叫"瓷佛寺"。四姐妹变成的4座山峰，一座比一座美。

后来人们就把娥眉的"娥"字改写成山字旁的"峨"字。大姐就叫大峨山，二姐就叫二峨山，三姐就叫三峨山，四妹就叫四峨山。从此，大峨山、二峨山、三峨山并肩站在一起，只有四峨山隔了一段距离。后来，人们就把这4座山峰合称为峨眉山。

圣境的神山

阅读链接

关于峨眉山的来历，还有这样一个美丽的传说。

从前，峨眉山只是一块方圆百余千米的巨石，颜色灰白，高接蓝天，寸草不生。一个聪明能干的石匠同他的妻子巧手绣花女，决心用他们的双手将巨石打凿成一座青山。

天上神仙被他们的决心和努力所感动，就下凡帮助他们。

在神仙的帮助下，石匠把巨石凿刻成起伏的山峦和幽深的峡谷，绣花女把精心绣制的布帕和彩帕抛向天空，彩帕飘向山顶，变成艳丽无比的七彩光环，布帕飘舞在石山上，变成苍翠的树林、飞瀑流泉、怒放的山花，变成欢唱的飞鸟、跳跃的群猴和游走的百兽。因为这座青山像绣花女的眉毛一样秀美，所以人们把这座青山叫峨眉山。

佛、道、武术的交融发展

峨眉山原是道家的仙山，春秋战国时期，一批又一批道家人物来到峨眉山，他们有思想、有文化、有精神境界与追求。

东汉时，道教的张道陵在峨眉山周围地区设有"六治"，其中的"本竹治"就在峨眉山地区。后来，张道陵的孙子张鲁于198年增设"八品游治"，其中的第一治就是"峨眉治"。

至汉代，当东汉王朝通过各种途径与西域各国进行

峨眉山万年寺

云雾缭绕的峨眉山

经济文化交流的同时，佛教随之传到了乐山地区。

晋代，佛教开始传入峨眉山，这些僧人在峨眉山开始修建寺庙，弘扬佛法，使峨眉山在很长的一段时间内处于佛道并存的局面，宫观交错其间，僧人、道士竞相入住。

中峰寺创建于西晋，原先是道教的乾明观。至东晋时，观中开始出现了派别纷争，高僧慧持、明果禅师等先后到峨眉山修持。

僧人明果受到菩萨的开示来到峨眉山的宝掌峰，偶尔听说观中有妖孽作怪，并经常残害愚弄百姓，明果就来到乾明观，弄清人们所说的妖孽其实只是蟒患，经过整治，乾明观附近恢复了往日的宁静。这件事对山民的影响非常大，观中的道士也对僧人明果十分钦佩。

后来，明果大师剃发游山，回蜀后来峨眉山修住，被乾明观道士迎请为住持，主持观中的各项事务。

明果主事之后便改道观为寺，观中的一部分道士也随之皈依佛门，并更新殿宇，逐步扩大寺庙的规模。因寺后的白岩峰居中，故取名为"中峰寺"。

中峰寺是山中道观改寺的初始，至后来的唐僖宗中和年间，慧通禅师将中峰寺改建后更名为"集云寺"。北宋仁宗时茂真禅师又扩建寺宇，更名为"中峰禅林"或"中峰古刹"。

中峰寺坐南朝北，为四合院式布局，进门右侧兼有跨院，中轴线对称，由前殿普贤殿、后殿大雄宝殿及厢房组成，内外施回廊。

普贤殿和大雄宝殿当心间为抬梁式梁架，其余为穿斗式，重檐滴水，歇山式屋顶，小青瓦屋面，殿前有圆月儿台连接上下踏道，素面台基高4米多，3级平台，前后高差近7米，是峨眉山难得的习静之地。

东晋时期，陆陆续续有高僧来峨眉山结茅修住，讲经布道，对佛教在峨眉山的发展起了奠基作用。

南北朝时，梁武帝萧衍崇信佛教。

相传从印度来的宝掌和尚在梁武帝时来到了峨眉山，在宝掌峰结茅住锡，取名为"宝掌庵"。

之后，又有西域僧人阿罗婆多尊者来峨眉山游历，看到峨眉山山水环合，和西域化城寺的地形极为相似，就决定在此修建道场。因当时山高无瓦，而且易冻裂，所以就用木皮盖殿，称为"木皮殿"。这时，淡然大师也在峨眉山弘传佛法。

至唐代，一些帝王支

■ 峨眉山中峰寺

■ 峨眉山五显岗的牌楼

持并信奉佛教，带动许多下属官员，镇蜀的官吏也开始信佛，在朝廷和官府的双重影响下，四川民间的崇信佛教现象较为普遍，促进了佛教在峨眉山的发展。

这一时期，外地僧人西禅、白水、澄照、正性、灵龛和尚等相继来到峨眉山结茅建寺，传教弘法，牛心寺、华严寺等都是在这个时期建成的。

牛心寺位于牛心岭下，唐僖宗时，江陵慧通禅师将其改为"卧云寺"。

965年，宋太祖赵匡胤召开封天寿院的僧人继业三藏等去往天竺求取舍利以及《贝叶经》，继业一行从印度带回大量的经卷和佛骨舍利敬奉给朝廷，并令继业选择一座名山将这些圣物修持典藏起来。

继业周游了普天下的名山大川之后，选在峨眉山安身，并新修了一座寺院以供养终身，寺院建成后取名牛心寺。

至1369年，安徽凤阳凤凰山龙兴寺的僧人广济禅师来到峨眉山。相传广济和明太祖朱元璋交往甚密，朱元璋称帝后，广济不愿接受朱元璋的宣诏，便入峨

宋太祖（927年~976年），赵匡胤，我国大宋王朝建立者，出生于洛阳夹马营，出身军人家庭，赵弘殷次子。在位期间，加强中央集权，提倡文人政治，开创了我国的文治盛世，是一位英明仁慈的皇帝，是推动历史发展的杰出人物。

眉山禅隐。

广济禅师根据寺周山水怀抱的天然风貌，又见亭、台、楼、阁与流水潺潺和谐相融，就取晋人左思《招隐诗》中的"何必丝与竹，山水有清音"中的"清音"两字，改寺名为"清音阁"。

由于受地形的限制，清音阁只有一个殿堂，堂内供奉华严三圣，中为释迦牟尼佛，左为文殊菩萨，右为普贤菩萨，堂前建有"接王亭"。

根据《峨眉伽蓝记》记载：

阁下旧有接王亭，王者孰谓，谓御前头等侍卫海清伍格也。

左思（约250年～305年），齐国临淄人。西晋著名文学家，其《三都赋》颇被当时称颂，造成"洛阳纸贵"。左思自幼其貌不扬却才华出众。晋武帝时，因妹左棻被选入宫，举家迁居洛阳，任秘书郎。300年因贾谧被诛，遂退居宜春里，专心著述。303年因张方进攻洛阳移居冀州，不久病逝。

■ 峨眉山报国寺鼓楼

意思是说，当年，海清伍格亲王奉康熙皇帝命朝拜峨眉山，僧人为了迎接他，就拆掉旧亭，重建新亭，取名为接王亭。

清音阁是上山朝拜的必经之地，寺庙虽小，地势险要，居高临下，气势逼人，山环水绕，景色优美。整体布局体现了"自然造化，天人合一"的意境，被称为我国佛寺园林建筑的典范。

■ 峨眉山金顶普贤
金像

后来，慧通禅师发现山相属火，于是改华严寺为"归云阁"，改中峰寺为"集云寺"，改牛心寺为"卧云寺"，改普贤寺为"白水寺"，改华藏寺为"黑水寺"，以三云二水压抑火星。经过慧通禅师等高僧大德的苦心经营，为佛教名山的形成创造了条件。

相传，唐代著名的道士和医学家孙思邈曾来峨眉山采药炼丹，牛心寺后药王洞就是他的炼丹之地。根据《峨眉县志》载，被称为八仙之一的吕洞宾也曾到二峨山的猪肝洞隐居，那里的"八仙洞"就是八仙的聚会之所。

唐诗中也有许多是以道观和道士为题材的，如鲍容的《赠峨眉山杨炼士》就是其一，他在诗中写道：

道士夜诵蕊珠经，白鹤下绕香烟听。
夜移经尽人上鹤，天风吹入青冥间。

反映了唐代峨眉山道教的兴盛。

至唐宋交替时期，佛教在峨眉山的发展较快，寺庙增多，高僧辈出，影响很大，帝王也时有敕赐。唐

洞天 道教语，指神道居住的名山胜地。洞天就是地上的仙山，它包括十大洞天、三十六小洞天，构成道教地上仙境主体部分，我国五岳则包括在洞天之内，历代道士多往其间建宫立观，精勤修行，留下不少人文景观、历史文物和神话传说。

代诗人李白的《听蜀僧浚弹琴》和《峨眉山月歌送蜀僧晏入中京》等都是脍炙人口的名篇。

在这个时期，峨眉山的道教发展昌盛，与佛教旗鼓相当，道教将峨眉山称为"第七洞天"。

至宋代，宋太祖赵匡胤和宋太宗赵光义都对佛教给予了大力的支持。

伏虎寺位于瑜伽河与虎溪汇流处，是峨眉山最大的比丘尼寺院。

伏虎寺原为一小庙，名为药师殿，由行僧心庵开建。南宋绍兴年间，行僧心庵再建。伏虎寺得名，一说寺院附近山中有虎伤人，僧士性建"尊胜幢"以镇虎患，于是改名伏虎寺；一说因伏虎寺的后山形如伏虎而取名。

清顺治年间，贯之和尚率弟子可闻大师重建寺院，历时二十多年，更名为"虎溪禅林"，也称"伏虎寺"，为当时峨眉山最大的寺庙之一。

后来，可闻大师的徒弟寂玩上人在寺周广种杉树、桢楠、柏树，

伏虎寺庙宇

康熙（1654年~1722年），爱新觉罗·玄烨，清朝第四位皇帝，年号康熙，康取安宁的意思，熙取兴盛、万民康宁、天下熙盛的意思。在位61年。是我国历史上在位时间最长的皇帝，他勤政爱民，开创出了康乾盛世的局面，谥号合天弘运文武睿哲恭俭宽裕孝敬诚信功德大成仁皇帝。

■ 峨眉山金顶大象

按《法华经》一字一棵，称"布金林"。布金林古木参天，浓荫蔽日，伏虎寺整座寺院均掩映在密林之中，有"密林藏伏虎"之称。

然而，寺院的屋顶上却终年无败叶堆积。于是，清康熙皇帝赐伏虎寺"离垢园"3个字，为佛教圣地远离尘垢之意。

到伏虎寺朝圣，进入寺门便是弥勒殿，殿内供有金身弥勒佛坐像，两侧分塑四大天王坐像。弥勒殿后是韦驮殿，内有韦陀菩萨金身坐像。

普贤殿内供有普贤菩萨金身像，背龛供奉阿弥陀佛圣像。大雄宝殿内正龛上供有"三身佛"，佛像十分庄严。按照佛教的信仰，"三身佛"是释迦牟尼佛的3种不同表征，即法身佛、报身佛、应身佛。

殿内左龛供奉文殊菩萨像，右龛供奉普贤菩萨像，左右两侧是十八罗汉，后龛为观世音渡海像。

伏虎寺内有全山唯一的罗汉堂。罗汉堂高大雄伟，恢弘庄严。殿内供奉的五百阿罗汉均按照佛教传统塑造，造像生动，流金异彩，佛教氛围十分浓郁。

洪椿坪位于宝掌峰下的一片丛林之中。其中，必经90多折共计3200多级台阶的"蛇倒退"长坡才能苦尽甘来，抵达峨眉山中最佳的避暑胜地洪椿坪。

洪椿坪上建有洪椿寺，最

初由宋代僧人楚山性一禅师所建，原名千佛禅院，也称"千佛庵"。后来在明代崇祯时期扩建，在清乾隆年间毁于大火，不得不再一次重建。因寺前有3棵洪椿古树，所以重建后的寺庙也因此被叫作"洪椿寺"。

这3棵洪椿，一棵在寺院的南面，在大火中被焚，但枯木屹立百年而不倒；另一棵在高岩边，约在百年前的一次岩崩中掉于山下；最后一棵在寺门左侧的密林中，一直郁郁葱葱，生机勃勃。

这棵洪椿的树龄至少有1500年了，被人们称为"长寿树"。洪椿属苦木科落叶乔木，可几人合抱，有10多米高。传说，洪椿树500年开一次花，500年结一次果。

洪椿坪建有殿宇三重，气势巍峨，蔚为壮观。廊庑简洁，宏阔宽敞。洪椿寺建筑面积5000余平方米，主要建筑有观音殿、千佛楼、林森小院和禅堂、僧舍等。

大雄宝殿中供普贤像，左右为十八罗汉像，雕塑俱佳。藏经楼内存有一件宝物，那就是悬挂于楼内的一盏七方千佛莲灯，紫檀木雕琢

精工彩饰。千佛莲灯高近2米，直径1米，七方翘角，上下刻有几百尊佛像。

七方角柱上有九龙盘柱，上面还刻有云龙怪兽以及神话故事图案，八面玲珑，数百尊生动活泼的人物形象，组成一幅幅神话故事图景，是罕有的艺术瑰宝。

灯上造像佛教、道教和平共处，也不多见。七方千佛莲灯设计巧妙、工艺精湛，令人称颂，是寺内珍藏的艺术珍品之一。

洪椿坪上的观音殿右前方有一泓清泉，人称"锡杖泉"。

相传，明代时的洪椿坪香火旺盛，僧众云集，寺僧人数多时可高达千人以上。但寺庙里却极为缺水，寺院住持德心禅师持杖祈祷，用锡杖凿岩引水，感动了天池的仙女，就给这里送来了一股清泉。锡杖泉四季不枯，甘甜清澈。

与此同时，峨眉山的道教也有很大的发展。许多道观，如东岳庙、玉皇观、雷神祠、关帝庙等都兴建起来。许多地名如"龙门洞""仙皇台""九老洞""三霄洞""女娲洞""伏羲洞"等都是以道家经典而取名。当时的著名道人陈抟曾从华山来此修行，并自号"峨眉真人"。

北宋后期，由于宋朝皇帝不遗余力地提倡佛教，在朝廷的扶持下，峨眉山开始成为"普贤道场"。

在道教兴盛发展的时候，峨眉山的佛教出现了许多宗派，但在长期流传过程中，其他宗派都逐渐消失，唯有临济和曹洞两派流传下来。

所谓的"峨眉临济气功"是南宋末年峨眉山佛教林济宗白云禅师所创立，一直在临济宗内部流行，不得外传，故称"临济气功"。

据说，白云禅师原来为道家，后转入佛门，并且对医学颇有研究。他集医、道、释、武术精华于一身，融养生、医疗、技击为一体，创造出一套独具特色的临济气功。

古代有关峨眉武术的文字记载很少，在后来明代抗倭名将唐顺之所著的《荆川先生文集》中有诗一首，题为《峨眉道人拳歌》。全诗共30行，每行七言，对峨眉拳术进行了非常生动形象的描述。

例如，诗中写道：

忽然竖发一顿足，岩石迸裂惊沙走。
来去星女掷灵梭，夭矫天魔翻翠袖。

■ 洪椿坪的木楼

是写峨眉山道人的个人表演，他起势蹬足，石破砂飞，足见得力量之大，接着道人行走往来如穿梭，身段玲珑，翠袖翻卷，姿势十分优美。

百折连腰尽无骨，一撒通身皆是手。
犹言技痒试贾勇，低蹲更作狮子吼。

这4句是写道人武功精深，软若无骨，伸缩、开合、变化自如；行动敏捷，臂肘之快如全身是手。

> **蒲团** 又称圆座，用蒲草编织而成的圆形扁平坐具，僧人坐禅及跪拜时所用之物。其后也有以绫锦包成者。种类颇多，厚者称厚圆座，菅草编成者称菅圆座，又有中央开洞而呈环状者。

■ 大佛禅院石狮

余奇未竟已收场，
鼻息无声神气守。
道人变化固不测，
跳上蒲团如木偶。

这4句写道人掌握的技能很多，表演出来的只是一小部分，"余奇未竟"，怀想不绝。接着写道人跳上蒲团，立即入静，由大动转入大静，安详自然，没有过硬的功夫是绝对办不到的。

全诗记述了峨眉拳从起式至收式的整个表演过程，同时也描述了峨眉拳的身法、击法、呼吸、节奏等各

个环节。

有文字记载的峨眉武术，始于南宋时代。南宋时期，峨眉山有个法号德源的和尚，他原是一个游方僧，武艺高强，因其眉毛为白色，世人称之为"白眉道人"。

德源和尚创编了一套拳术，称为"白眉拳"，主要流行于四川、广东、香港、澳门一带。此拳的特点是模仿山中的白猿，在草地上跳跃翻滚，舞手动脚，敏捷异常。

德源法师不仅武功非凡，而且文才出众。他收集峨眉僧道武术之长，结合自身经验，编写了《峨眉拳术》一书，是有关峨眉武术的最早的文字记载。

从此以后，峨眉山佛教才有了较为系统的武术理论和实践经验，在武林中形成了自己的体系和风格。

仙峰寺面向华严顶，背靠危崖，由洪椿坪上行约八九千米可以到

峨眉山拱桥

达。仙峰寺原名慈延寺，始建于元代，初为一小庵。

明代初，寺中建有专门存放明神宗御赐大藏经的藏经楼，后来经本炯禅师扩建为大寺，名"仙峰禅林"。后来毁于大火之后再度重建，建成之后改名为"仙峰寺"。

仙峰寺的第一殿原为财神殿，后改供弥勒菩萨，称弥勒殿，最后又改回财神殿。殿上悬有匾额"仙峰禅林"，两边有联语：

问九老何处飞来，一片碧云天影静；

悟三乘遥空望去，四山明月佛光多。

殿堂内左壁悬挂有4扇木屏，简述了仙峰寺沿革及九老洞的传说。

九老洞位于九老峰下，相传是天英、天任、天柱、天心、天禽、天辅、天冲、天芮、天莲9位老人栖息之所。洞口高踞在仙峰岩，下临黑龙潭，有陡直的天然磴道通向洞中。

磴道两侧有石桩护栏。进洞130米，洞道平均高、宽约5米，宽适易行，洞内有如乌鸦的大蹄蝠和金丝燕，成群结队。前行有石床、龙泉、仙桥等，传说是仙人所造。

主洞道尽头有一石龛，供着一尊神像。这尊石像是8世纪中叶的隋代眉州太守赵仲明，因治理岷江大渡河水患造福一方，被老百姓拥戴为川主之神，仙居其中，所以建造神像进行供奉。再前行，则为大小不同纵横错落的67个岔洞，蜿蜒曲折。

洞内的石钟乳、石笋、石柱、石芽等，或如万剑悬垂，雨后春笋。或如巨型盆景，微型石林。或如琪花瑶草，异兽珍禽。或如仙女下凡，和尚念经。俨然是一座古朴而新奇、典雅而森严的艺术宫殿。

仙峰寺的第二殿是大雄殿，殿中供奉释迦牟尼佛，两旁为十八罗汉，背面供奉阿弥陀佛、文殊菩萨、普贤菩萨、地藏王菩萨、观世音菩萨、日光遍照菩萨和月光遍照菩萨，全部为脱纱佛像。

殿内悬挂有一联：

此地有崇山峻岭，
茂林修竹，峰头外布些
慈云，常庇琉璃世界；
愿人出孽海迷津，
名场利薮，洞口前撑来
宝筏，普度亿万生灵。

第三殿是舍利殿，供奉汉白玉雕刻的药师佛像。有

太守 原为战国时代郡守尊称。西汉景帝时，郡守改称为太守，为一郡最高行政长官，除治民、进贤、决讼、检奸外，还可以自行任免所属掾史。历代沿置不改。南北朝时期，新增州渐多。郡之辖境缩小，郡守权为州刺史所夺，州郡区别不大，至隋初遂存州废郡，以州刺史代郡守之任，此后太守不再是正式官名，仅用作刺史或知府的别称，明清则专称知府。

■ 峨眉山大雄宝殿

十八罗汉 指佛教传说中18位永住世间、护持正法的阿罗汉，由十六罗汉加二尊者而来。他们都是历史人物，均为释迦牟尼的弟子。十六罗汉主要流行于唐代，至唐末，开始出现十八罗汉，至宋代时，则盛行十八罗汉了。十八罗汉的出现，与我国文化中对18的传统偏好有关。

082 圣境的神山

舍利铜塔，六方七层，高3.6米，通体敷金，金光闪闪。

之后，上海龙华寺的僧人清福曾3次从越南、泰国、新加坡、印度、锡兰取回佛骨舍利、贝叶经和玉佛，并将舍利3枚、贝叶经2卷留赠在仙峰寺内，并建造舍利殿进行存放。

寺前有九莲池，四周石栏上有许多文字题刻。

仙峰寺周围生长着许多珙桐树，花呈白色，形如鸽翼，微风吹拂，翩翩起舞，是极为稀少的一种植物，被人们称为"鸽子树"。

至明代，峨眉山的道教日趋衰败，而佛教却继续兴盛发展。明太祖朱元璋曾为皇觉寺的僧人，对佛教本身就有好感，曾敕封宝昙和尚为国师，并于洪武年间派遣国师来峨眉山重建铁瓦殿。国师留蜀10年，道化大行。圆寂后，太祖敕诗两首，以昭其德。

■ 峨眉山摩崖石刻

　　1466年，普光殿毁于火灾，住持了鉴和尚募化，蜀王朱怀园捐资重修，历经3年修建完成。

　　1534年的嘉靖甲午年，慧宗别传禅师来峨眉山，在峰顶饰新铁瓦殿，创建了新殿，并铸普贤铜像1尊、铜佛65尊于金顶。

　　铸普贤三身铜像供奉在白水寺的毗卢殿内，在白龙洞外按《法华经》，以字计棵，广植楠柏，名为"功德林"。并铸铜钟3口，分置白水寺、永延寺、圣积寺。圣积寺铜钟最大，计1250千克，神宗朱翊钧特赐号为"洪济禅师"。

　　1568年，通天明彻大师来普贤礼佛，后在千佛顶结茅驻锡。

　　1573年在天门石下建一海会禅林，安住众僧，持戒10年，道望益隆，声闻朝廷。他的弟子无穷大师，秉承师志，于万历年间云游楚蜀，募铸高12米千手千眼观世音铜像一尊，迎回峨眉。

　　后来赴京奏请慈宫，太后赐金敕建大佛寺，安奉大士铜像。并于万年寺侧建慈圣庵，供太后像及珍藏朝廷赏赐的经卷、袈裟、法器等物。

■峨眉山万年寺山门

圣境的神山

1601年，慈圣太后赐金，敕令在白水普贤寺修建宫殿，覆罩普贤愿王铜像。神宗朱翊钧御题"圣寿万年寺"额，为太后祝禧之意，白水普贤寺由此更名为"圣寿万年寺"。

华藏寺全称为"永明华藏寺"，位于峨眉山金顶主峰。金殿是华藏寺的其中一殿，所处位置最高，与华藏寺合二为一，统称"华藏寺"，俗称"金顶"。

明洪武年间，国师宝县奉旨来山重修寺院，因山高风大，云南总兵祁三升捐资，将殿顶覆为铁瓦，俗称铁瓦殿，按察赵良壁增修。

1601年，山西五台山的妙峰和尚和唯密禅师来峨眉山礼行普贤，发愿铸三大士鎏金像以铜殿放在几大名山，即募西蜀藩王潞安、沈王朱模，携得黄金数千两，送往湖北荆州监制。

历经数载，先后铸造铜殿3处：一在峨眉山；二在五台山；三在普陀山。后又奉慈圣太后旨意"赐尚方金钱，置茸梵修常住若干，命方僧端洁者主之"。

四方檀越也慷慨捐助，共襄胜举，后来神宗朱翊钧还敕赐峨眉山永延寺藏经一部。

1615年秋天，在大峨山铁瓦殿后的最高处做成了普贤愿王铜殿，铜殿通高8米多，宽4米多。

铜殿上部为重檐雕甍，环以绣栊琐窗，殿中祀大士铜像，傍绕万佛，门枋空处雕画，云栈剑阁之险，顶部通体敷金，巍峨浩瀁，迢耀天地，故称"金殿"或"金顶"，明神宗朱翊钧御题横额称"永明华藏寺"。

1890年正月，铜殿毁于一炬，寺里的僧人心启、月照和尚新建约180平方米的砖木构造的殿堂，铜碑、铜门等法器放置其中，殿脊之上置以鎏金的宝顶，仍不失金顶的庄严华贵。

金顶华藏寺依山势而建，中轴线上由低到高分布着三重殿堂。

第一殿是弥勒殿。殿门上悬挂着"华藏寺"金匾，寺内供奉铜铸弥勒佛像，背后是韦驮铜像。殿内还有三足铜鼎和明万历年间的铜碑等文物。

第二殿是大雄宝殿。殿中供奉着铜质金身的三身佛，坐高3米。殿内还有铜磬、铜钟等法器以及铜铸像、铜普贤像等佛教文物。

第三殿是普贤殿，即金殿、金顶，是峨眉山最高的殿堂。殿门的匾额有金顶"行愿无尽""普贤愿海""华藏庄严"等。

华藏寺大雄宝殿

殿内供奉普贤骑象铜像，普贤端坐在莲花台上，手执如意，莲台置象背上，白象脚踏4朵莲花。整个造像通体铜铸，通高4.5米，殿内还有铜鼎等物。

洗象池位于峨眉山海拔2000米的钻天坡上，明代时仅为一亭，称"初喜亭"，后改建为庵，名"初喜庵"。

1699年，由行能禅师改建为寺。乾隆年间由月正和尚整修寺前的钻天坡和寺后的罗汉坡道路，并将寺前小池改建为六方，池畔放一石象，以应普贤菩萨洗象之说。

相传普贤菩萨骑象经过时，白象曾在水池中沐浴，故改名洗象池，又称天花禅院，建有弥勒殿、大雄宝殿、观音殿和藏经楼等。

寺门外不远处竖有两碑，一刻"鹤迹余古雪，猿声出绿萝"字样。一刻"菩萨曾来池涌玉泉堪洗象，众生向上坡连云路好钻天"。

洗象池的第一殿为弥勒殿，殿内供奉弥勒佛像高2米，殿后为金身护法韦驮菩萨像。

第二殿是大雄宝殿，殿额是遍能大和尚所书写的。殿内供奉普贤菩萨骑象金身，两旁为十八罗汉。殿后供奉西方三圣，金身站立莲台之上，高约3米。殿内有一口铜钟，高1米，直径1米。

第三殿为观音殿。供奉观世音菩萨，两壁悬挂20幅观世音菩萨像，每幅高1.2米，宽0.8米。

洗象池的寺藏文物比较丰富,藏经楼上供有一瓷制观世音菩萨像,带座高约尺余,制作精良。同时,还有其他珍贵的文物。

洗象池原名"初喜亭",意为到此以为快到顶了,心里欢喜。实际上,此处离金顶尚有15千米。此处属高寒地带,雨雪多,故而其殿矮小,并用铁皮盖房。

洗象池风景很美,寺周冷杉枝繁叶茂,每当云收雾敛,碧空万里,月朗中天,月光透过冷杉林,映入池中,水天一色,宛若置身云霄,令人气爽神怡。

这一带常有猴群出没,僧人以慈悲之心待之,人与动物和谐相处,其乐无穷。

在佛教兴盛发展的同时,峨眉山的武术也在集百家之大成,迅速地发展着。

明末清初的武术家吴殳所著的《手臂录》一书,对峨眉的枪法进行了较为详尽的论述。

吴殳又名乔,号沧尘子,江苏人。少年酷爱武术,曾从朱熊占学习峨嵋枪法,从渔阳老人学习剑法,从郑华子学习马家枪法,对各种兵器都有研究。

至清代,吴殳不求仕途,专攻武术,并著书立传。他的《手臂录》一

峨眉山万佛顶

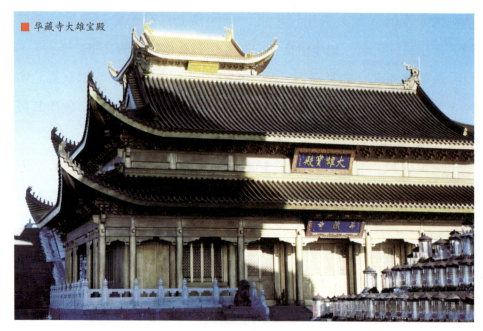
■ 华藏寺大雄宝殿

书，是以精确解释各种枪法而著名的。

他在此书中论述峨眉枪法说：

西蜀峨眉山普恩禅师，祖家白眉，遇异人授以枪法，立机空室，练习两载，一旦悟彻，遂造神化，遍游四方，莫与驾并，枪法一十八扎，十二倒手，攻守兼施，破诸武艺。

在峨嵋枪法中，有治心、治身、动静、攻守、审势、形势、戒谨、扎手、倒手、破诸器、身手法等技法，大大丰富了峨眉武术的理论。

明代中晚期和清初，由于朝廷和地方官吏支持佛教，峨眉山修建寺庙很多，全山无峰不寺。

从报国寺至峨眉县城，沿途也有山上各寺院修建的脚庙，如圆通寺、保宁寺、菩提庵、圆觉寺等，这些虽是附属小庙，但也有属于自己的庙名，并各为一寺。

而在同时，道教却在峨眉山趋于衰落，许多道观改为佛寺，出现了与佛教合流的趋势。

　　明万历年间修建的纯阳殿，是当时最大的道观，观内供奉吕祖、三霄之像。但是至清代的乾隆年间，观内已无道士居住，被僧人所占，峨眉山开始成为清一色的佛教天下，是佛教在峨眉山的鼎盛时期。

　　清代顺治时期，贯之和尚率弟子可闻等在伏虎寺旧址重建"虎溪精舍"。后来，川省大僚捐资重建伏虎寺，历时20多年完成，殿宇十三重，宽敞辉煌，冠于全山。

　　康熙帝爱新觉罗·玄烨曾亲笔御题"离垢园"3个字悬于寺内，寓意佛门圣地远离尘垢。

　　1702年，康熙钦派一等侍卫海青等到峨眉山降香。康熙帝赐给峨眉山大批经卷及匾额、楹联、诗文。赐降龙院"普贤愿王法宝"玉印

■峨眉山观音殿

一枚和"善觉寺"额，并赐住持元亨诗一首，以示褒奖。元亨即改降龙院为"善觉寺"，并在院内建亭供奉玄烨像，以报国主恩。

1745年，乾隆皇帝为千佛禅院洪椿坪御书"性海总涵功德水，福林长涌吉祥云"的联语。清代中晚期以后，峨眉山佛教逐渐衰落，许多僧人赴外缘佛事，为施主转咒、拜忏、放焰口等，从事应教活动。

从以上事实可以看到，宋代以前，峨眉山佛道共存。但至明代，佛教在峨眉山呈蓬勃发展势头，几乎无峰不寺，信徒日众。相比之下，道教则受到冷落，道士只好下山。在峨眉山释道关系中，曾出现两次将二教融为一体的尝试，具有典型意义。

然而出现二教融合的尝试并不是偶然的。因为佛教自东汉传入我国以后，释、道、儒三教经长期交流，早已是你中有我，我中有你。尽管如此，各教所据经典毕竟大有不同，所以"融为一体"的愿望最终未能实现。

阅读链接

遇仙寺始建于清代同治年间。关于遇仙寺的得名，还有一个美丽的民间传说呢。

据说古时候有一个人去峨眉山求仙，走到这里，遇一砍柴的农民对他说："清闲无为便是仙，为何走上峨眉山？"说罢便隐身不见。

此人知道遇上神仙了，心满意足地返下山去。后来和尚便在这里修建了一座寺庙，取名叫"遇仙寺"。大家可以在这里歇歇脚，体会一下"清闲无为便是仙"的哲理。